叢書・ウニベルシタス　818

ベルクソンとバシュラール

マリー・カリウ
永野拓也 訳

法政大学出版局

Marie Cariou
BERGSON ET BACHELARD

This book is published in Japan by arrangement
with Presses Universitaires de France
through The Sakai Agency, Tokyo.

再び夕暮れは
夜のうちへと散ってゆく
家々の壁にこう記した後で
「夢みないことを禁ずる」

レイモン・クノー

目次

凡例

一、底本は Marie Cariou, *Bergson et Bachelard*, PUF, 1995 を用いた。
二、引用の出典を記すにあたっては次の通りとした。
　1　原著の注に引用される文献については（p. 10）のように頁数を示し、注に初出の場合は原題（副題は除く）を頁の前に記した。特にベルクソンの著作の場合、頁数を（p. 1265／16）のように記し、前者には『著作集』（*Œuvres*）あるいは『雑録』（*Mélanges*）の頁を、後者には Quadrige 版の単刊書の頁を示した。
　2　引用文献の邦訳については、〔邦訳○○社○○頁〕のように記した。邦訳については参考文献を参照。
三、原著の脚註は全頁の通し番号で（1）（2）…とし、巻末に一括した。訳注の場合には〔訳注〕と表記した。また、注として別記する必要のないと思われる訳者の解説は、〔　〕を用いて本文中に補足した。
四、参考文献については、基本的には原著の参考文献にとどめることとした。ただし、掲載される文献の邦訳についての情報は訳者が補足した。また、訳者による但し書きが必要と思われる場合には、〔　〕を用いて示した。

序論　二つの明晰さ

ベルクソンの思想にとって本質的な特徴の多くはバシュラールを通じて理解できるに違いない、と主張するなら、われわれは何らかの「回顧による錯覚」の犠牲なのだろうか。逆向きの運動に拍車をかける「身に染みついた論理」の眩惑にわれわれは負けるということになるのだろうか。

科学には歴史があり、矯正と漸近の営みを重ねてこそ成り立つということ。想像力はすぐれて創造的であり、閉じた理性を四つ裂きにせよと誘うということ。結局は、あるタイプの形而上学に依存しないような知は存在しないこと。これらの見解は、少なくとも『新しい科学的精神』（一九三四年）や『夢想の詩学』（一九六〇年）以降、われわれにとって馴染みのものになった。といっても、これらの見解が本当に「新し」かったわけではない。フランスの科学哲学の最も異論の余地のない基礎が、ベルクソンの著作のうちにあると認めても、われわれには何の不都合もないだろう。

しかしまた、バシュラールの仲立ちがなければ、このことが目に見えて分かるようになることもなかったのである。ちょうど、「ロマン主義がひとたび出現したとき、そこからの回顧の効果」によってしか、「古典主義においてすでにロマン主義的であったところ」をあからさまに示すことはできないように、科学の哲学におけるベルクソン哲学の射程の全域は、科学哲学がいったん練り上げられた上で、そこから回顧的に言及することによってしか、あからさまには示されないのである。

いうまでもなく、バシュラールを彼の先行者たちによって説明しようと望んだり、まして二十世紀における方法上のさまざまな革新をひとりベルクソンに還元するなどということが、ここで問題なのではない。真に哲学たるものは、いずれにせよ絶対的な始まりであって、どんな方法も決定的ではない。ただ明らかに、ベルクソン風の「掘り出し物」の数々を、継承するにせよ批判するにせよ、解明し、発展させることによって、バシュラールはあの「直観の哲学」を、ひとつの文脈のうちで、読みなおせるようにしてくれる。この文脈が、敵対する合理主義によっても熱狂する神秘主義よっても、明らかになりえなかったのであり、それゆえにベルクソンはおそらくは最も名高いのに最も知られていない同時代の哲学者となっているのである。このパラドクスは、ベルクソンの講義のいくつかを公刊したからとて解消しうるものではないに違いない。講義がいかに興味深いものであっても、著作を理解するうえではどう見ても本質的ではなく、そのほとんどが著作の誕生とは疎遠であることは明らかである。それなら、講義は単に教育上有効であるにすぎないということを認めておこう。そしてわれわれはおそらく、諸テクストを読みなおすためのいくつかの手がかりに身を委ねることになる。テクストというのは、真のテクスト、つまり、著者が公にすることを望んだテクストのことだ。成功し、次いで不評を買ったことの痕跡である陳腐な表現や揶揄の外で、そうしたテクストを読みなおすのだ。バシュラールはそうした読みなおしの手がかりのひとつであり、そして特権的な手がかりである。とはいえ、ジャン゠ポール・サルトルを選んでみてもメルロ゠ポンティを選んでみてもいいだろう。マルブランシュなりライプニッツなりスピノザなりを通じて、デカルトを読みなおすことができたのと同様である。というのも、ベルクソンの思想が揺り籠となって――バシュラールならむしろ「ハナウド」[2]と言うかもしれない[3]――現代哲学がとることのできた多様な方向性を育んだからである。実存主義や現象学や科学哲学は、自由、意識、知についてのベルクソンの思索のうちに、自分たちにとっての最も深い根を見出すことができた。ベルクソンに異論を唱えつつ、これを剽窃する。ベルクソンを名指しで批判するのだが、それ以上にベルクソンを無意識に踏襲する。ひとつの世代がまるごと、ベルクソンの比類なき直観という坩堝で鍛え上げられたのである。謙虚にこのことを白状するにせよ、図太くこのことを隠すにせよ、現代に関わるどんな思索にとっても通らざるをえない道、避けては通れない基準、礎石にしてときには躓きの石となるものが残る。だから定式を逆さまにして、「ベルクソンを介してのバシュラール」を堂々と執筆することもできるだろう。

方法の中心に逆転を据えるひとつの学説に忠実であり続けようとすれば、潜在性としてあらかじめ存在することであるとか、隠れた影響関係であるといった蜃気楼に唆されずに、逆方向に進もうとし、時間順序の「自然な下り坂を遡り」、問題の立て方を逆向きにしたほうが、たぶんはるかにましだ。したがって、ベルクソンの思想がバシュラールの思想を含んでいたとか先取りしていたなどと主張してはならない。それは誤った解釈というものであり、疑いなくひどい間違いであろう。

ただ、進化の一般法則に従う精神の所産が、どのようにして花火となって炸裂することがあるのかを示すことだけは必要となろう。躍動、決定的な推進力は、ベルクソンに由来する。バシュラールはこの躍動に寄り添うだけでは飽き足らず、これを跳ね返らせ、その結果、期待されていたより多くの花火

――いわゆる成果――を、三〇年代周辺に、この躍動によって作り出したのである。バシュラールはベルクソンの遥か先まで、科学の事例と芸術の事例とを深く探求した。彼はより詳細かつ精確に、方法の新しい規則を定めた。だが彼は、学説を真に変質させたわけではない。これから見てゆくように、『持続の弁証法』において、彼が学説を訂正すると思い込んでいるときでさえ、バシュラールはそれを繰返し、補強し、完成させるにすぎない。

バシュラールとベルクソンの関係は、ひと目で明晰判明なわけではない。

「ある観念が明晰なのは、その観念がわれわれの眼前に、われわれがすでに所有していた諸要素を、ただ新たな順序に配列して見せるにすぎないからだ」というのが真実であり、「われわれがそれを欲し、探し求め、誰かがそれをわれわれにもたらしてくれれば、その者に感謝する」[4]のは、この明晰さであるというのがよりいっそう真実であるならば、本書を執筆することでわれわれに感謝する人はないであろう。われわれは暗闇を選ぶのだから。われわれはあの、最初は不明断で疑わしいが、それに近づくものすべてをしだいに照らし出すことにより、光の道となる諸観念、あの、あまりにも単純であるがゆえに親しみがたいとはいえ、実在の深い森のなかを誰も進むうえでは不可避な諸観念を育んでゆこう。

「つまり明断さには二つの種類があるのだ……」。

ベルクソンはそれぞれの明断さを長々と分析しており、バシュラールは、真に影の教育学となるものを考案するとき、若干のユーモアを交えながら、このことを回想することになる。「明晰さとは誘惑なのであり、ときにその犠牲者が教授たちの隊列に出るのだ。授業でもそもそとつぶやきながら、ひとつの古い明晰さに満足して、世代に取り残されるそうした犠牲者に出くわすことがある」[5]。

製作が本分である理性に促されてする裁断ほど、ひと目見て明晰なものはない。知性はまったくその本性に従って、こうした幾何学的な次元の明晰さに傾倒してゆく。こうした明晰さは、諸事物に対する知性の力の指標のようなものである。というのは、知性はごく稀にしか、認識することに打ち込みはしないのだから。知性が好むこと、それは支配し、利用することである。知性が、物質とは何であるかを知ったことは一度もないし、物質たるものにささやかなりとも正確な規定を与えたことは一度もない。ましてや、知性が事物の本性について知るところはほとんどないのだ。知性が明晰な諸観念を鍛えるのは、自分がただ道具に仕立て上げるにすぎない対象の内奥の実在性に、知性が決して分け入って来なかったからにすぎない。知性にとってはすべてが「工具」なのであり、言語という、あの言葉からなる麗しい工具もそこに含まれる。

つまり知性は、知のための知、見返りのない沈思黙考、利害を離れた夢想を目指してはいないのである。知性の任務は必要に応ずることなのであり、ときには必要を作り出すことですらある。知性は魂のうちなる技術者として生まれたのだし、またそのように死ぬのであろう。ということは、有用なものを目指し、適応を望み、「実践」を利する知覚の基本路線内に、知性は位置づけられている。ここではこのことを、原初的な意味でのテオリアへの対立において理解しなければならない。テオリアとは、原初的な意味では「理論〔テオリー（仏）、セオリー（英）〕」ではなく、より正確には、観照のことであって、古代人たちは少なくともアナクサゴラス以来、これを哲学者の専有物としてきた。おそらく古代人たちはテオリアに、主体と客体の根源的な統合というあの得がたい状態の、一種の反映を見ていたからである。この状態は、精神と精神が適用される諸点との区別を許すはずがないであろうし、より卓越した

「見る働き」の一形態を意味するであろう。この「見る働き」とは、ベルクソンが甘んじて「直観」と呼び、プロティノス的な「知性」[6]の全性格、つまり、接触、統合、直接的な関係づけといった性格を委ねたまさにその働きなのである。しかしそれは、『創造的進化』にあるように、ベルクソンが知性という用語を、分析の働きのためにとっておくからであり、なるほど誤ってではあるが、彼がプロティノス的な観照を、行動にも創造にも無縁だと断定するからである。観照は理性的な行動原理たりうるだろうし、神秘主義を基礎づけたり、偉大な創造的熱狂を説明したりするのに、理性よりも高次の何らかの能力を引き合いに出す必要はないだろうと、ストア派も『エンネアデス』も共に考える。この考え方を、狭量で頑なで「無味乾燥な」、退化した合理主義という歴史的文脈に置くと、ひどく突拍子もないものとなる。この退化した合理主義に対して、ベルクソンが、次いでバシュラールが容赦ない批判をつきつけるのである。分離を本分とする悟性が客観的認識を基礎づけようとすると、どうしても現実を骨抜きにする区分を間に立てねばならない。

プロティノスにおいては、「意識」の状態そのものが、主客のあの統合における無意識の衰退したものである。この無意識だけが、存在と思考との完全な適合を保証するのである[7]。真の観照は、どんな視覚対象もなしに見る働きなのである。仮に魂が身体のうちに魂の痕跡を、知性が魂のうちに知性の痕跡を、〈一者〉が知性のうちに〈一者〉の痕跡を、力強く残すにいたるようなことがあれば、何者も明晰な意識に到達することはないし、何者も原初的な統一の闇から抜け出すことはない。それゆえ、豊饒さにおいて比類のないこうした神的な状態から生まれる諸観念は、最初は不明晰なのである。

これらの観念は予想外の深さを特徴とするが、感覚や知性が目覚めると、これらの観念を深みから引き出そうとする。しかし、目覚めによって豊かになるのではなく、貧しくなるのである。感覚や知性が目覚めると、きわめて選択的な知が発動し、分割、選択、排除を行う。その結果、選択的な知は明晰さと判明さを得る。しかしそれは日の入りの明るさである。それは幻影の際立ちである。真なる照明は、何も見はしない。照明は見せるのであり、見られるのである。照明は、視線が自分自身へ回帰するということが、絶対にないときにしか可能ではない。だからこそベルクソンは彼の模範を、静寂主義者であることを否認しきれない一人の女性神秘主義者のうちに求め、バシュラールは彼の模範を、詩的であることを否認しない一つの夢想のうちに求めるのである。

以上について誤解しないでほしい。科学はこうした態度があっても、何ら失うものはない。そして合理主義は、こうした態度があれば、ただ得るものしかない。認識の発生や、さまざまな知の類型論、記憶作用のさまざまな転身、誤謬のさまざまな変身、すなわち、自らの身体と和解した霊魂の得がたい穏やかさへの変身や、精神の振動に貫かれた物質の透明さへの変身、こういったものを比較対照してほしい。こう言ってよければ、ベルクソンにおいては科学と形而上学、バシュラールにおいては理性と夢想という、「二つの明晰さ」それぞれの特異性を、方法的にその極みにまで押し進めてほしい、このときわれわれは流動する批判の沼地に淀むことはないし、短絡的な弁証法の袋小路で立ち止まることはない。新たな合理主義の、まったく新手の認識理論の、別種の体系性の、基礎となる諸要素を、われわれは見出すのである。

これら二つのタイプの明晰性に、結局二つのタイプの一貫性が対応する。それは、ベルクソンにおいては幾何学的および生命的な一貫性と呼ばれ、バシュラールにおいては静的および動的な一貫性と呼ばれる。とすれば、この一貫性はどちらの場合にも、秩序と進展という二重の相のもとで、実証主義を参照するという特徴をもつ。実証主義に従うためではなく、これを逆転させ、まさにそうすることによって実証主義を乗り越えるためである。分析的知性に対する告発[8]あるいは客観的認識についての精神分析[9]は、同じ希望に到達する。それは、科学者と哲学者が、同じ状況を経て共謀するという希望である。同じ状況とは、閉鎖系の容易さである。真の「実証性」は、人が思うとおりの実証性であるとは限らない。創造的な想像力は、実験証拠の管理にあまんじることはできない。夜はやはり昼と同様に明晰である。詩はやはり法則と同様に実証的だ。だが、夜も詩も、別な仕方で明晰であり、実証的である。

　とすると、はっきりと示さなくてはならないのは、それぞれの形での実証性の、特有の様相である。というのは、極端に言えば明晰さなどというものはなく、ただささまざまな明晰化の行為があるだけだからだ。ちょうど、単純さなどというものはなく、さまざまな単純化の行為があるにすぎないように[10]。

　それならば、生物学を扱うベルクソンの諸著作と、神秘主義者ないし美的感情を引き合いに出す彼の諸著作の間に、どんな階層を設けることもできないであろう。同じく、バシュラールの科学哲学的著作と、詩的な夢想の複数の相を扱う著作の間に、どんな階層を設けることもできないだろう。諸著作はどれも、同じ方法的な要請に応えているのである。

　ここでわれわれにできるのは、この要請に明晰さを加えることである[11]。われわれはこれをじっくり行うとしよう。というのも、あまり性急に明晰さを望んではならないのだから……。

第一部　闇の朝課⑿

おそらく、バシュラールの著作を注解する場合、科学的な面に特権が与えられてきた。あるいは、名高い対立をむしかえせば、昼の想像力の発明の働きに。逆の意味でこれと同じように、ベルクソンの著作の注解においても、長らく道徳的・形而上学的な面に特権が与えられてきた。バシュラールにおいてこの面に特権を与える場合、少なくとも時間順序を尊ぶという利点があった。もっとも、時間順序などというものは偽りの明晰さで輝くものだということは明らかだ。

ベルクソンにおいてこうした面に特権を与える場合、彼の歩んだ順序が逆転するばかりではない。学説の威光にかしずくようにみえて、これを裏切るにいたった偽の価値的優劣関係がでっち上げられてきたのである。

とはいえ、「諸君の未だ表白されざる直観をわれわれに与えてほしい」という声を聞くために、『空間の詩学』を待つ必要はなかった。これは『否定の哲学』(一九四〇年)のうちにある。同じように、「行動の何らかの性質のうちに、自由を探さねばならない」ことを示すのに、『道徳と宗教の二源泉』を待つ必要はなかった。この発言は『意識の直接与件についての試論』(一八八九年)のうちにあるのだ。[13]

おそらく、新思想が到来するとき、どれが本質的でどれがそうではないかを断固として決めてしまわないよう注意しなくてはならない。その思想を受け入れるべきか、受け入れざるべきかなのである。全体を統合的に読む必要がある。そうすれば、夜の心の動きから出発するほうがましであること、いつ日が昇るのかは誰にも言えないことを見てとるのは、いっそうたやすいはずなのだ。

一　さまざまな方法

見ようとする意志と、知りえないがゆえの無力が生ずるのは、無意識のさまざまな深みからである。こうしたさまざまの深みをコントロールし、支配し、方向づけるための手段について反省する場合、これらの無意識の深みが存在することが前提とされている。そして、バシュラールがイメージというものに認める地位と、「直観」という語の特異性を、いたずらに軽視しようとするのでない限り、彼が生涯の十年をかけて、こうした無意識の深みに潜む罠や不利を避けた後、さらに十年かけて、これらの深みを開花させ、高まらせたということには、何の奇異なところもない。

とはいえ、テクストは明晰だと思われる。すなわち、「イメージの生命」を、想像力に還元することはまったくできない[14]。数学者は詩人のようには、また物理学者も音楽家のようには、イメージを生かすことはできないが、物理学にとっての詩的な技というもの、また詩にとっての幾何学というものは存在する。「またこのために奇数を好むこと」と、『否定の哲学』の最初の章は微笑みながら付け加える[15]。まずいことに、バシュラールがカードを混ぜたがっているときに、人は根本的な対立や際立った働きをいきなり見て取ろうとするのだ。バシュラールも、「繊細の精神」についてロバチェフスキイに賞賛を送らなかったろうか。弁証的に展開する諸公理が、「自然全体を歌わせる」という理由で、詩人たちと同一視されるのをわれわれは目の当たりにしなかったか(16)。

これは戯れにすぎないのか。いずれにせよこれは、真の方法序説たるものに固有の遊びの活気なのだ。複数の方法についての序説と言う必要があろう。というのも、このようにバシュラールは故意に複数形で方法という語を用いるのであって、それはさらに、「直観」という用語についても同様なのである。そして思い起こせば、『夢想の詩学』はその題辞に、ジュール・ラフォルグの美しい感嘆の言葉を戴いているのだ。すなわち、「方法よ、方法、おまえは私に何を望むのだ。おまえは私が無意識の木の実を食べたことをよく知っているではないか」。

その起源において捉えれば、あらゆるイメージは世界の芽となり、また「諸世界からなる世界(17)」となる。科学について誤解があるだけではない。詩についても誤解がある。同時に、同じ理由で、科学の直観的な力が見落とされ、詩の隠喩の厳格さが見落とされる。バシュラールの著作の二つの面は、この二重の誤りを訂正しようとする。著作の二面は対立するどころか、互いに補完しあい、補強しあう。

著作の二面は、科学がどのような仕方で「念入りに仕上げられた直観」の成果であるのかを示すと同時に、詩において、見るということの一貫性がどのような仕方で築かれるのかを示す。

著作の二面はついに、われわれが《客観的世界》を構成する過程がいかに長くまた多くの犠牲を要するとしても、われわれは「最初の開口部の輝き」を忘れてはならない、ということを想起させる。

では、誰に自分の知らないものを支配できるだろうか。無意識という魔性の女たちを克服するには、まずは彼女たちが何から出来ているのかを知るほうがいい。ベルクソンやヴァレリーも拒絶する、劣化の早いあの精神分析の大雑把な説明から身を遠ざけながら、バシュラールはあの木の実、柔らかい木の実、甘い木の実との間で、特権的な対話を交わす。この対話における哲学的な問題はこうなる。「夢みる、と呼ばれることは何なのか」。あるいはまた「夢想のうちをいかに進めばよいのか」。

この点でベルクソンの思想は、三四年の（部分的には一九二二年に執筆された）最後の（『思想と動くもの』の）緒論までに表現を和らげられてゆくとはいえ、バシュラールよりはずっと厳格で、善悪二元論的である。

ベルクソンの思想は、形而上学的な直観を科学的な分析に対立させる。両者の関係を示すのは二の次である。またベルクソンの思想には芸術を幾何学の単なる「転倒」とする傾向がある。科学は「中断した意識」であり、物理学は「逆向きになった心理学」である。科学や物理学は「停止」を際立たせるにすぎない。そして、詩人や神秘主義者は創造的な躍動を再発見し、どんな限界も課されえない精神の運動につき従う。

科学的探求は、「不活発な物質」に閉じこもるほかない。形而上学的なタイプの探求だけが、生命や意識についての「学知《シアンス》」を提供しうるであろう。だがこの「学知」はまだ作り上げられていない。生まれつつある生物学も、観念連合主義の心理学も、実証主義の社会学も、この「学知」の名には値しない。いずれにしろ、ひとつの認識が特有の直観的な方法を含むや否や、それは形而上学的であるか、そうではないかだからである。

したがって、用語について厳しく言うと、この文脈における正確な意味での「科学《シアンス》」は、物質についてしか存在しない。とはいってもこの意味での科学は表層的なアプローチにすぎず、対象の「まわりを回る」のであって、根本においてこの対象が何なのかについては結局のところ言うことができない。科学はまったく自然なひとつの暗黙の了解を当てにしなければならない。すなわち空間と悟性に備わる等質性だけが、分析的な方法の勝利を説明するのである。この点を踏まえてベルクソンは、カントの報告する科学の成功と形而上学の失敗に、心理学的な、またほとんど発生論的な内容を与えることができる。

実際、容易に示せることだが、物質についての表象というものは、黙っていても自らの対象に完全に対応する。というのも、分離を本分とする知性は、無限に分割できる延長には気楽に働きかけるからなのだ。科学の言語はしたがって、常に何らかの正確さを備えることができるだろう。また、ごくわずかでも、実用的な記号の使用、有効な形式化を心がけさえすれば、科学はいつでも、多少とも満足を与えてくれるだろう。しかし持続に完全に対応する表象というものがあるだろうか。知性は「生命を理解するには無力」であるから、持続についての表象をまったく作り出せず、知性がそう用いるようには出来ていない使い方で知性を用いようとしても、さまざまの混乱を生み出すことにしかならないだろう。このことの証拠となるのが、伝統的形而上学のあらゆる災難と偽の問題群である。伝統的形而上学は、常に多かれ少なかれプラトン的なのだが、プラトン哲学は生成を考えることができなかったのである。

とはいえ、形而上学の行き詰まりとは、ここではひとつの形而上学の行き詰まりにすぎない。不動の形相の形而上学、不動点をつないで運動を表象するのだと主張して持続を排除してきた形而上学である。ゼノンの、プラトンの形而上学であり、隠喩によって運動を翻訳しつくそうとし続ける限りでは、デカルトの形而上学すらそうである。デカルト哲学は、「かろうじて手直しされたプラトン哲学」以外の何かだろうか。

このように行き詰まるのは、精神に到達する力がそもそも精神に備わっていないせいではなく、単に方法が誤っているせいである。知性は、閉じた合理主義においては「幾何学の精神」と同一視される。この閉じた合理主義にとどまり、知性が与えることのできない結果を得ようと望んで力尽きるかわりに、別な形の思考にすがらねばならない。おそらくは唯一の思考であり、「繊細の精神」に近く、ベルクソンが何度も逡巡した後、彼の場合は大抵は単数形で「直観」と呼ぶ決意をする、あの思考である。

こうして、バシュラールがやがてそうするように、科学のうちに再び直観の役割を取り入れるのではなく、ベルクソンは「知性」によって特徴づけられる科学の方法と、「直観」によって特徴づけられる形而上学の方法とを非常に明瞭に区別する。たしかに、ベルクソンはこれら二つの行き方は互いに補完的で、等しく関心に値すると認める。また科学を形而上学の下の位に置き、形而上学の下位に区分するせっかちな哲学的習慣を自戒して遠ざけている。だが、対象のまさしく中心に分け入って、独特のもの、それゆえに表現しえないものと「一致する」直接的認識が(18)、光の「まわりを回る」ことによって、直観の領域を準備するが、直観を呼び起こすこともこれに取って代わることもできず、ただ予備教育の働きを委ねられる表層的な認識よりも、どの程度までいっそう深く、またいっそう本質的であるのかということを、分からずにいようとするほうが難しい。直観が概念へと弁証法的に展開し、自らを表現するのはたやすい。そして直観は、自らが伝えられることを欲すれば、ある意味で駆り立てられて概念へと展開するのである。しかしどんな概念も、最小の直観すら生み出しえない。

だから概念は、それを誕生させた経験のリズムにおいて衰え、死ぬのである。

概念は、それが構成される領域の外では、役に立つことはなく、むしろ危険である。概念は、たちまち社会のステレオタイプに、あるいはベルクソンがもっと皮肉をこめて言うように、「市の行政地図」に身を任す。概念は、最初に本物の経験主義の篩《ふるい》にかけてはおかれなかった対象にまで言語によって運ばれて慌ただしく広がり、このことによってひとつの資産とはなる。しかし用心もなしにこんな資産を当てにしてはならない。事物からではなく、言葉から出発するという傾向は、概念に正当ならざる外延と硬直する永続性を与えるという有害な結果を招く。したがって哲学の任務は大抵の場合、諸概念のうちから選択することではなく、概念を創造することにある。(19) 概念の創造は放っておいてもできるわけではない。極端なことを言うと、それぞれの経験ごとに概念を発明しなくてはならないのだから。それでもなお、これを概念と呼べるだろうか。これはもはや何の一般性も備えず、たったひとつの事柄にしか適用できないであろう。科学的経験主義が本物なら、この単独性の高尚なる過剰さにまでゆかなくてはなるまい。(20)

しかしこの概念は、「不遜な」理性の習慣に異を唱える。すでに『創造的進化』が、こうした新しさへの懸念、古いもの、既知のもの、獲得されたものの安全さへと逃避する自然な傾向を告発していた。「われわれは新しい対象、新しい概念、おそらくは、新しい思考法のために、観念を一から十まで作らねばならないことがありうるのであり、こうした観念はわれわれを心の底からぞっとさせるものである。とはいえ哲学というものがあり、諸体系の間の果てしない闘争、出来合いの概念という既製服を実在にきっちり纏わせることの不可能さ、寸法に合わせて製品を作る必要性を、われわれに示している」(21)。織物産業の隠喩は、「形而上学入門」に引き継がれる。仕立屋が身体の正確な寸法に合わせて服の直しをするように、哲学者は実在の分節化にぴったり合った概念、直観の捉えがたい形を際立たせる概念を創造しなくてはならない。

プラトンの機織りの隠喩を、ベルクソンは服飾デザイナーの隠喩に置き換える。彼にとって関心があるのは、どう見積もっても機械的でしかない糸の綾ではなく、形相に合わせた質料の、また質料に合わせた形相の、調整なのである。何度となく、持続は諸事物の生地であると規定されなかったか。したがって、持続は、量産方式の既製服や、出来合いの型紙には甘んじようもないのである。最もつましい身体が持続のドレープどりにふさわしい。最も小さい埃が微風に運ばれる。

したがって、「曖昧な」概念ではない「流動的な」概念を思い浮かべねばならない。裁断し、調整し、毛切りをしたり刺繍を加えたりして、空しい言葉の羅列では飽き足らぬ言語を案出しなくてはならない。果てしない、シシュフォスにふさわしい任務である。どんな科学も決定的ではなく、「われわれは問題をひとつずつ語によって立てることを余儀なくされており、そういう事情であるからこそ暫定的なものとして語を用いなくてはならず、その結果、それぞれの問題の解決は無限に訂正されねばならないであろうし、科学は総体として、問題が代わるがわる立てられる偶然の順序に相対的である[22]」のだから。

バシュラールが『近似的認識試論』において、概念の補正の必要を分析するとき、彼はウィリアム・ジェイムズに言及する[23]。バシュラールが『科学的精神の形成』において、科学的概念の形成に自らの力動性を取り戻すように要求するとき、彼はアベラールまで遡り、『新しい科学的精神』において概念がその普遍性を失うまでに劣化すると指摘するとき、彼はジャン・ペランを引用する。「あらゆる概念は、それが定式化された実験的諸条件から次第に離れてゆくと、ついにはその有用性を失い、意味すらも失うにいたる」[24]。まったくもってそのとおりである。だがバシュラールは、主張としてはベルクソンの主張を何度も、ほぼ逐語的に繰り返すにもかかわらず、ベルクソンを引用することはないのである。

「科学的精神は、すべてがあらゆる瞬間に疑問に付されるよう要請する」。よくバシュラールのものとされる、ためらいのないこの表明は、じつは選集『思想と動くもの』の緒論にあるベルクソンの宣言である[25]。しかし反対に、次のバシュラールの宣言をベルクソンのものとしても、損なわれるものはほとんどない。「あらゆる科学的思考は、新しい経験を前にして変わらねばならない」[26]。「その名に値する」経験主義の、力動的な、さらには革命的な性格を示さねばならないときには、彼ら二人の見解は明らかに全面的に一致し、彼らの宣言はしばしば交換可能なのである。

だがいつもこうとばかりはゆかない。

ベルクソンは何度も、普通の認識の轍を踏むという理由で、またさらには普通の認識と本性が同じだという理由で、科学を糾弾する。彼がその論拠とする幾何学は、有用であるかどうかを基準として、空間のうちで繰り広げられるのだから、「自然な傾斜」に従う普通の知覚と近いところにある。感覚、記憶作用、知性、ひいてはそれらによって作られた科学は、事物への働きかけを目的としており、いわば広い意味での技術なのである。知性人《ホモ・サピエンス》は、製作人《ホモ・ファーベル》のために働き続ける。おのずから、実用主義が王なのである。科学は、並列を本分とする初歩的な経験主義からわれわれを解放するどころか、この経験主義を助長し、養うばかりである。それは本性からして技術重視で、人間の精神に内在するひとつの形而上学から、科学が生まれたからである。科学はある意味で、知性に生得的な財産なのだ。幾何学者になるには、自然の推進力に従うだけでよい。普通の認識と科学的認識との差は、「程度の」差でしかない。工具が器官を延長するように、知恵が感覚を延長する。これら二つの認識の形式の間には、どんな断絶を引き起こすこともできないだろう。断絶は、まさに「自然とは逆方向」に歩んで感官や知性の習慣を逆転させつつある実証的形而上学との間にある。それゆえさらに、自然な傾斜に従う科学者よりも、同じような逆転を成し遂げる芸術家や神秘主義者に、こうした形而上学は近いのである……。

ベルクソンがこのように科学を批判するとき、彼は科学的態度についてのまったく型どおりの見方に拠っている。まさにデカルトやカントのうちに見出せる見方である。ベルクソンは、たしかにこのことによって、客観的認識のカリカチュアへの用心をおこたらないよう呼びかけることができる。客観的認識のカリカチュアに対して、哲学的な伝統はいつでも用心することができたわけではないのである。だが、まさにこれは細心の注意を払うべき作業である。というのは、ベルクソンは同時に、科学者が生物学を手本として厳密さを定めることを高く評価し、彼の最後の希望を精神の科学に託すのである。精神の科学は、ベルクソンが明るい将来を期待するところの、あの深層の心理学ときわめて近いものと思われる。(27) したがって、科学についても、開かれたものと閉じたものの弁証法を適用せねばならない。ベルクソンの行う諸々の分析は、例えばユークリッドの幾何学やラヴォワジエの化学やデカルトの物理学に限ってみれば、正確であるかもしれない。だがバシュラールが関心を抱くのは、まさに開かれた科学、というよりは開きつつある科学なのであり、開きつつある科学だけが正しいのである。開きつつある科学と、一般的な認識とは、どんな仕方でも混同されえない。開きつつある科学が、一般的な認識と同じ方向性をたどることはまったくない。それどころか、直接的な経験は、開きつつある科学の眼から見れば、認識論上の重大な障害なのである。「科学的精神は、《自然》に抗いながら、つまりわれわれの内やわれわれの外にある《自然》の衝動や導き、自然な牽引力に抗いながら形成されなければならない」[28]。したがって、「自然とは逆向きに歩むこと」、また普通の認識に属する錯覚から身を解き放つことは、形而上学ばかりではなく、科学の行うことなのである。だから、錯覚が生じたら負けなのである。科学はこの代償によってのみ「近代的」であることができると、『合理的唯物論』の最終章は言う。「われわれの研究の途上で、われわれには次のことが次第に明証的になるように思われた。つまり、現代の科学精神は、単なる良識とは連続しえず、新しい科学的精神はもっと危険なゲームを演じているのであって、この精神は、まずは常識と衝突する命題を形成する、という状況にあったことである。われわれの信ずるところでは、実際、進化しつつあるひとつの科学への取り組みがなされればたちまち、科学の進歩は常に、常識と科学的認識との間にある何らかの断絶、いくつかの永遠なる断絶を表明する。ひとつの科学は、これらの断絶という事実そのものによって、現代性のしるしを担うのである[29]」。

とすれば、バシュラールが専ら新しい科学的精神を定義しようとし、結局のところ時代遅れとなった科学的概念の欠陥を嘆きはしないとしても、驚くまでもないだろう。また、バシュラールにとっては、非ユークリッド幾何学の到来が、彼が偏愛する事柄の典型であるとしても、何ら驚くべきことはない。

したがって、知性の天然自然な運動を逆転する素質は、バシュラールの場合、形而上学者だけに備わるのではないのである。この逆転は精神の要請なのである。真に思考する精神は自然と矛盾する。精神の行う思考が科学的な夢想であろうと詩的な夢想であろうと、思考を特徴づけるのは発明の力であり、この力は、何らかの自然な態勢に「任せきりにすること」とは、決して混同されえない。リーマンやロバチェフスキイの場合はとりわけ、おのずから幾何学者だというわけではまったくないのであって、それはプロティノスがプラトン主義の立場をとるからといって、彼がおのずからプラトン主義者ではないのと等しい。この点について、ベルクソンの名高い諸定式(30)を取り上げても、固定した形態のもたらすさまざまな危険について注意を促す趣ある警句にしかならない。これらのベルクソンの定式は、古い学説を解釈するにあたって、簡潔であろうとする態度から出てはいるが、簡潔さのあまり当の古い学説を擁護するには力不足である。そう信じられるかもしれないのとは逆に、バシュラールはベルクソンよりも、偽りの二分法の犠牲ではない。二元性よりは多元性、二つの秩序の異質性よりは諸秩序の多数性に力を借りて、バシュラールは実在性のさまざまの段階を理解する直観の働きを示すこと、また逆に、働く直観の実在性のさまざまの段階を示すことに成功している。こうして、「練り上げられた諸直観」は、自らの方法と形式性を備え、それぞれの直観が独自の象徴的表現を発展させる。『否定の哲学』は、これらの直観を分かつことではなく、序列化することを提案する。

したがって、人は直観の秩序と知性の秩序、形而上学の世界と科学の世界、夢の世界と功利的知覚の世界の間に、むき出しの対立を見出すのではなく、むしろ多様な直観からなるポリフォニーを前にしているのであって、これらの直観をその理論的、歴史的、制度的な文脈へと置きなおし、その「実在性の係数」に従って、諸事物に備わるある種の階梯のうちに位置づけることが必要なのである。これほど困難なこともない。というのは、感性的なものの複雑さは、最も満ちあふれる想像力の力能すら超えているからである。だが、この表象の詳細調査をしてみなくてはならない。当の一般性そのものによって錯覚であることが保証されている「一般的な序列」に満足したくないならば。なるほどベルクソンは、「存在の全段階」についての認識に対応する、直観の爆裂を認めている(31)。

だが、それは同じ階層内部のことであるし、また同じ研究方法内部のことである。直観は「ひとつの単一な行為」ではなく「一連の無際限な行為」でありうるが、それでもこれら一連の行為はすべて同じ種類に属し、直観の歩みは本質からして形而上学的である。『道徳と宗教の二源泉』が、神秘体験の起動力として新たに直観をとらえ直すときにすら、直観は、形而上学の充溢性を完成させ、これに確証を与えるのである。したがってここにはなるほど、二つの形式の思考があり、二つの区別される精神構造があり、これらはさらに、二つの実在性の秩序へと対応するのであって、第一の形式としての知性は、空間と時間という様態でこの実在性を把握し、第二の形式としての直観は、延長と持続という様態でこの実在性を把握するのである。実際、ベルクソン的な二元性は、物質と精神といった二つの相反するものの対立のうちにあるのではなく、同じ実在性に内属する矛盾のうちにある。つまり、精神（知性）対精神（直観）、記憶力（習慣）対記憶力（イメージ）、自我（表層）対自我（深層）、等である。そして、ひとたび矛盾の根が理解されれば、対立するものは調停されるにいたるかもしれない。だが、それはまたしても直観によってである。調停は形而上学的な本性のものなのである。調停が意味するのは序列である。というのは、精神の二つの形式が、等しい価値を持つわけではないからである。真なる知性とは直観であり、真なる記憶力とはイメージであり、真なる自我とは深層である、等々。それ以外は翻訳にすぎず、反映にすぎない。つまり、偽りの光明なのだ。

二　さまざまな夢想

同じく深層、複数の深層――というのは、ベルクソンが単数で扱う諸知見を、バシュラールはいつも複数で用いることに注意せねばならないからなのだが――を、『夢想の詩学』は再発見するのであるが、まったく別の筋道からである。たしかに、二つの夢想があるが、細かく見れば三つ、四つ、n個の夢想があってもよい。

バシュラールは絶えず、非ユークリッド的言語で語る。直線の外に取られた点を経て、バシュラールは常に複数の平行線を引く。ロバチェフスキイの巧みなユーモアへとバシュラールは誘うが、それはほとんど、自らが魅了されているという告白である。バシュラールは、哲学者も非ユークリッド革命を果たすよう誘わないであろうか。バシュラールの思想はその革命を果たすのである。バシュラールが現代哲学のロバチェフスキイだと言ってもほとんど過言ではない。おそらくバシュラールは「近代」哲学と言うほうを好むであろうか。最初期にバシュラールは、少なくとも二つの夢想のあることを強調する。というのは、まずはバシュラールにとって、醒めた夢想は眠った夢想と同一視されえないと指摘することが重要だからである。ベルクソンもこの観察に抜かりはなかった。二人とも、眠った夢想者の演ずることには非常に懐疑的であった。眠った夢想者は創造しないとベルクソンは言う。眠った夢想者は何も支配しないとバシュラールは言う。ヴァレリーも、夜の夢の主体となることは決してできないと指摘していた。眠った夢想者の場合、物語は必然的にまやかしである。なるほど解釈技術の次元では、またよりいっそう貴重な治療の道具立ての次元では、「疑惑の王」によって欺瞞がもたらされるのかもしれない。またたしかに、ベルクソンは小論を割いて夢を論じており[32]、ここでの夢はフロイトにとっての夢、フロイトの弟子たちにとっての夢にたいそう近い場合もあることが見てとれるかもしれない。しかし夢想のうちで偉大なるもの、真なるものが、眠る者の夢想ではなく、創造する者の夢想であることには、何の疑いもない。つまり、夢想とは、創作の発端なのである。

だが創作が、必然的に詩的であったり絵画的であったり音楽的であったりするわけではない。科学的な精神も「夢をみる」と、すでに『否定の哲学』は述べていた[33]。

少なくとも三人の夢想者がある。睡眠者、芸術家、科学者である。だが三者それぞれの夢想の様態は、おのずから無限に多様化する。そこでバシュラールは、想像力についての彼の研究を多数化するようになる。これらの研究は、基本的な四つの要素をめぐって展開する。四つの要素は、哲学と詩が一緒になって、ときには最善もなせば最悪もなしたあの時代に、世界の母胎とみなされていたもの、すなわち火と水と空気と大地である。あの主著となる「宇宙的」省察の副題を思い出しておかなくてはならない。これらの副題は象徴的であるにはとどまらないからだ。つまり、『物質の想像力についての試論——水と夢』（一九四二年）、『運動の想像力についての試論——空気と夢』（一九四三年）、『力の想像力についての試論——大地と意志の夢想』（一九四八年）である……。

あらゆる夢想が、ある意味で精神の冒険なのだ。科学者は「第一原因へと遡る《アノゴジク》」夢想を磨くのであり、この夢想は本質的に数学へと向かう夢想であって、弁証法的で晴朗な超理性主義の果ての、自信に満ちた一種の「汎ピタゴラス主義」である(34)。

芸術家は「宇宙的夢想」を磨くのであり、この夢想は本質的に詩作へと向かう夢想であって、同じく弁証法的で、同じく晴朗な超現実主義の果てに炸裂する、一種の汎象徴主義なのである。バシュラールは、最も名高く最も控え目な事例の援けをかりて、両者を分析する。つまり、科学的夢想においてはボレルがリーマンと肩を並べ、詩的な夢想においてはルイ・エミエがボードレールと隣り合う。しかしここで名声がいかほどのものだろうか。重要なのは、着想を、夢みさせる言葉を、つまり「教え込まれた思考」のあらゆる「彼方」にいきなり転移する直観的な指標を、その場でとらえることである(35)。

ここからわかるとおり、想像力に情緒的な源泉を回復させようとか、作品を満たされない情念の光によって解釈しようというのではない。ましてや性的な幻覚や抑圧された傾向によって解釈しようというわけではまったくない。

バシュラールはベルクソンと同様、この種の解釈は無意味だとみている。例外的な精神活動の発明の力と「高次の平衡」によって得られたものは、ありふれた心理学に基づいてどんな不運を引き合いに出しても説明できない。

美しい作品を、挫折した人生の償いやそこからの逃避とみなして何になるだろう。夢みるためには、「幸福であることから始める」のでなくてはならないのだ。

科学的であれ詩的であれ、倫理的であれ神秘的であれ、発明とは生命の過剰である。発明は文字どおり「気宇壮大である」[36]。

卑しい「心理分析主義」のいかがわしい愚論をかえりみず、バシュラールはユングへと目を向け、ユングのうちに彼自身の発見のうらづけを見る。つまり、自我の秘められた深層へと入り込み、内的な生の神秘的内奥を自在に動きまわるならば、言葉の香気に酔うがままとなること以上のこと、あるいはランボーのように、母音の虹に滑り込む以上のことがなされる。存在の根源そのものが再発見されるのである。自らの内へと入り込むことは、大地のうごめく臓腑に潜り込むことであり、水たちのやさしい母性のうちで、よりよく生きるために溺れることなのであり、永遠のヴェスビオ火山の灼熱の猛火のうちで蘇ることなのであり……結局は生まれるために死ぬことなのである。

水の洗礼、火の洗礼なのだ。

「幼少期の夢」は新たな誕生の約束である。バシュラールはベルクソンと同様、ジャンヌ゠マリー・ギヨン、つまり「純粋状態における神秘主義」を、彼女の無垢なる夢や、彼女がシュルレアリスムを予感させるところを含めてとり上げる。

実際ジャンヌ゠マリー・ギヨンはフェヌロンに言わなかったか。「そう語るように作られている事柄を明瞭に発音するあれらの機械の頭部」のように、ほとんど制御できない運動を活力として彼女は書くのだと。「理性による制御が全くないところで」と付け加えても誤解の危険はないと。

指向の相似に驚くこともない。バシュラールはおそらく詩的な霊感のうちに、ベルクソンが神秘主義に求めることを見出すのである。つまり、新たな経験主義の完成を。

アニムスとアニマとの間の名高い区別についてバシュラールが試みたひどく極端な用い方に、少しだけならばとどまってみてもよいであろう。バシュラールが行う誇張には、おそらく意図して諧謔的なところがある。というのも、諧謔はひとつの文飾のすみずみまでつきまとうことがあるからである。また、バシュラールの冗語には、おそらくは意図されずに簡素なところがある。というのも、無意識はたぶん、世界中で「最もよく共有されている」ものなのだから。それでもやはり、深層を女性性と同一化し、あらゆる生物の根本的な両性具有性を呼び戻し、雌雄一対が新たな仕方で互いに補いあう往復の運動について下描きしながら、バシュラールは、詩的作品の生成を、より知解可能にするか、何であれ少なくとも、より知解不可能ではなくした。しかしそればかりではない。バシュラールは、真の形而上学革命へと誘うのである。

さらに言えば、バシュラールは知らずにそうするのではない。夢想者の「コギト」が成立する諸条件を明らかにすると主張しながら、バシュラールは『新しい科学的精神』を駆りたてるその弾みによって、デカルト主義についての批判まで進み、もうひとつの方法序説を提唱することができるのである。それはつまり、新しい詩的精神に通ずる扉を心得ている、複数の方法についての序説である。第一原因へと遡る夢想の働きと、詩的な夢想の働きを明らかにしようとするバシュラールの意図は、同じ直観から生じているように思われる。ベルクソンが、〈生物学者〉に熱心に問いかけるのと同じ熱意をもって、〈神秘主義者〉に問いかけるのも、同じ仕方によることがわかる。ベルクソン自身によると、二つの場合で目的は同じなのである。つまりそれは、特殊な諸々の経験、特異な諸々の創造の痕跡をたどり、これらの経験や創造相互の出会い、交錯、あるいは対立のうちに、新たな哲学的対話の諸要素を見ることである。

単独で放っておかれれば、どんな経験にも、精神の偉大なる冒険を締めくくる力はないだろう。いくつもの道筋を探り、いくつもの「事実の線」がわれわれをどこまで導いてゆくのかを見なくてはならない。事物の本性について、何か本当らしいことを言うのはそれからだ。[37] ここでも、ベルクソンの省察とバシュラールの省察が交わるところには同じ確信があることがわかる。つまり、哲学者はもう要素的なものにはこだわらないのであり、哲学者にとって重要なのは、諸関係からなる体系の数々なのである。バシュラールはベルクソン以上に、われわれのさまざまな表象体系相互の接合、分離、補完、対立、排除、嵌入を示すために、多くの事例を挙げようと工夫を凝らしている。

ベルクソンの形而上学には、霊魂や自由、神的なものといった、表象不可能なものの地位を探ろうとする傾向がある。これに対してバシュラールは、すべてが表象されうること、さらには、すべてが表象でしかないことをしだいに確信してゆくように思われる。だからバシュラールは、諸々の「イメージ」の本性を強調するのであり、また隠喩の地位について定めるのをためらうのである。一方で、バシュラールは、「隠喩が思想に属していた」幸福な時代を夢想する。つまりバシュラールは、程度というものを受け入れる隠喩が、実在論に固有の形式をどの程度まで持たずにいるのかを問う。バシュラールは、生命組織の力動的なモデルにふさわしいとして、隠喩の一貫性を称賛するところまで行きさえする。[38]

他方ではその反対に、バシュラールは隠喩に軽蔑的な意味を与え、創造的なイメージと対立させる。とりわけバシュラールが、ベルクソンは「イメージ」よりも「隠喩」を用いると主張するとき、また、バシュラールが「引き出し」の隠喩を、手厳しく、さらにはどちらかというと軽率な仕方で批評するときにはそうである。[39] なるほどバシュラールはこの点について、いわゆる「教育によって単純化されたべルクソン哲学」についての話だと言いそえることまでして弁解する(40)。結構なことだ。だが、一個の哲学者たる者が、実際に誰か悪しき教育者によってひどく戯画化された、通俗的ベルクソン哲学に話を限るのは、不適切であると思われる。そこで、この論争に、適宜、いくつかの精確さによって光を投げかけてみよう。バシュラールは、隠喩の担う異なる二つの意味の間を行き来する。このことによって、彼は一方では隠喩を、標準的な受け止め方において理解する。つまり、抽象的な知見を、具体的な手段によって翻訳するための文飾として理解する。この場合には、隠喩にはなるほど、教育的な美点があるかもしれない。つまり、隠喩は「表現の困難な印象に具体的な身体を与えにやってくる」。だが、これは「製作されたイメージ」にすぎない(41)。特に、この意味での隠喩を、「一個の思想」としてはならない。これに反して、バシュラールはのちに、隠喩こそが生まれようとしている思想の真の構造であると述べながら、詩と哲学との境界における、自然言語としての隠喩の価値を再発見することになる。これはつまり、エンペドクレスや、ヘラクレイトスといった者の地平としての、また記憶のない時代への郷愁としての隠喩の価値である。「われわれが、生命と焔とを結びつける諸々のイメージの二重化のうちに、焔の〈心理学〉と同時に生命の火の〈物理学〉を書こうとするのであれば、どういう隠喩の領域をわれわれは検討せねばならないのか。隠喩なのだろうか。焔が賢者たちに思考をさせた、あのはるかな知恵の時代には、隠喩は思想に属していたのだ(42)」。

精神の進化が問われるならば、隠喩は、より大いなるひとつの統一性、極度の単純性の方向へと進む。バシュラールが引き合いに出すところでは、ゲーテを通じてしか、プロティノスの光のもとで、東方の香気を交えたギリシア的な象徴の錬金術が驚嘆を呼ぶことはほとんどない。『蠟燭の焔』は、まるで一筋の火によってするかのように、著作全体を凝縮する、というより、著作に強調を施す。良き科学書にすぎない『空間の詩学』の、叙情的な口ごもりや現象学的な哲学気取りからは、遠いところに来ている。アンリ・ボスコに捧げられたあの「単なる夢想についての小さな書物」はというと、これこそは偉大な傑作なのである。バシュラールの文体が、混合のうちにありながらこれほどの純度に達したことはなかったし、またにぎわしさのうちにありながら、これほど抑制されていたこともなかった。隠喩とイメージがはっきりと区別されることはもうない。議論が空転することもない。文法と詩趣との間で言いよどむところで、世界は終わる。すべては、同じひとつの息吹のうちで調停される。か弱いが力あるところからして、この息吹は消えようとする明かりの最後のため息と似ている。この書物を、ひとつの遺言として読まねばなるまい。

いや、そもそも、これはガストン・バシュラールの最終著作ではないのか。続くのは「遺作としての」選集にすぎないのだから……。

ベルクソンはというと、彼は隠喩的なものとイメージ的なものとの弁証法に関する限り、どんな点でも意見を変えない。『意識の直接与件についての試論』の時点からずっと、象徴とイメージとの間の対立ははっきりしている。この対立は、一九三四年の最後の著作刊行までそのままである。

とすれば、バシュラールが「想像力は、ベルクソンにとって、まったく隠喩的であるように思われる」(43)と主張するのは、まったく間の抜けたことである。引き出しについてのベルクソンの隠喩には論争を呼ぶところがあるかもしれない。だが、われわれが論争する誘惑に屈するか、危うく屈しそうになるとき、どの程度まで軽率になる危険があるかをわれわれに示してくれるのは、バシュラールの論評なのである。

ベルクソンにおいては、ライトモチーフである創造が、製作と対立する。イメージは基本的には創造的であり、それゆえ隠喩の正反対である。『瞬間の直観』においてふたたび見ることになるように、バシュラールが批判にあたって、典型的にベルクソン的な論拠をベルクソンに対して用いるのを、ここで見ておくのも一興である。

隠喩が一切の「現象学的価値」を持たないであろうこと、これはまさに、『意識の直接与件についての試論』(44)、『創造的進化』(45)、『精神のエネルギー』(46)、『思想と動くもの』(47)が、明晰な仕方で確立したことである。ベルクソンが隠喩という語に与える意味合いは常に軽蔑的であり、曖昧なところはない。

ベルクソンは決して、想像力が隠喩を作り上げるとは考えず、権利上も、それ自体としても、われわれが語ることのできない一個の実在についての、翻訳であり、歪曲であると常に考えている。というのも隠喩は実際、通常の知覚と科学的な態度を特徴づける、いわゆる「象徴的」な表現法に対応するからである。通常の知覚と科学的な態度はどちらも、空間への投影を習慣とする。

それゆえ連合主義的心理学、時間についてのカント的な理解、とりわけ、あらゆる形での機械論は、隠喩に属するのである。

これらの考察の全体を要約するには、身体は精神の隠喩である、幾何学的なものは生命的なものの隠喩である、言語は思考の隠喩である、等と言えばよいだろう。隠喩は、どんな場合にも存在論的な価値を持たず、現象学的な価値も持たない。また、「認識論的適性」という知見を定義するとき、バシュラールは次のように問う。「実在論は、隠喩を用いることを禁じねばならないのか。隠喩は必然的に、実在性の外にあるのか。隠喩はこれらのさまざまな程度において、実在性と非実在性の同じ係数を保持するのであろうか[48]」。これに対して、ベルクソン哲学はおそらく断固として、隠喩は最小の係数としても「実在性」を持たない、と答えるであろう。隠喩は文彩しか語らない。隠喩とは、ひとつの便利な表象なのであって、さまざまな知に適しているとしても、これらの知は、製作というものを手本にして構築されるのである。すべてはあたかも、陶工が大壺を製作するのに粘土を用いるのと同様、すでにそこにあるイメージを、知性が意思伝達のために用いるかのようである。ベルクソンは、役立つ行動の図式が認識の図式へとこうした手順で投影されることを何度となくあばきたてる。この投影によって、形而上学と科学との関係は、深く汚染されてきた。そして、この投影に歯止めをかけるには、イメージを本当に創造すればよいだろう。ベルクソンの立場に立つなら、「象徴」という言葉を疑ってかからねばならない。「象徴」は、イメージの同義語であるどころか、イメージの対義語である。「象徴主義」は、最も多くの場合、科学的な形式主義、隠喩による翻訳を指すのであり、ヴェルレーヌのような詩的霊感とは何の関係もない。イメージのうちでもとりわけベルクソンが「媒介的」と呼ぶイメージが、直観を示唆し、伝達することを可能にする唯一の手段である。これは特異なタイプの媒介作用である。「具体的な直観の単純性と、直観を翻訳する抽象の複雑性」との半ばにあって「捉えがたく消えやすいイメージが、おそらくはそれと知られないままで、哲学者の精神につきまとい、哲学者の影ででもあるかのように、哲学者の思考の紆余曲折につき従うのである。このイメージは、直観そのものではないとしても、概念的表現から比べれば、はるかに直観に近い。概念的表現は、直観に説明を提供するためには頼らざるをえないとしても、必然的に象徴的なのである[49]」。

「形而上学入門」は、さらにいっそう断定的である。というのも、「形而上学入門」は、直観には「実在性を絶対的に所有する」力が備わるとし、この力において直観を定義するのであって、形而上学を「象徴なしに済ませるようとする科学」として定義するからである。

象徴なしに、隠喩なしに、であって、イメージなしに、ではない。なるほど、どんなイメージも直観に取って代わることはありえないだろう。しかし、寄せ集められた大量のイメージが、少なくとも直観にとって予備教育として働くことはありうる。(50)

とすれば、バシュラールは、『思想と動くもの』がベルクソン哲学の要約となることを思い起こさせる点では正しい。だが、引き出しの比喩がどういう問題の指標となるのかについては、バシュラールはみかけにとらわれている。月の光で戸棚を全て打ち抜く『白髪の挙銃』のように、アンドレ・ブルトン風なシュルレアリスムの抒情性で戸棚を歌うことこそないが、『創造的進化』も「形而上学入門」も、戸棚について些かの軽蔑も表明していない。

ただ、われわれの日々行う整頓の振る舞いのうちには機械的なところがあり、出来合いの概念にわれわれが寄せる過度の信頼のうちには無意識の習慣めいたところがある。このことを示唆しなければならない。

これは、生あるものを覆う機械的なものであり、記憶の保存と局在の偽似問題である。これは意識の諸現象の事物化に対する告発であり、バシュラールも『新しい科学的精神』において、彼なりにこの告発を行うのである。

とすると、直観についての理解を助ける、何らかのイメージこそが問題なのである。直観とは、意識の直観である。戸棚のなかに、「何でも入れる」のは、霊魂の貧しい者である、とバシュラールは言う。だが、ベルクソンはまさにこの点でわれわれを非難するのである。つまり、われわれは引き出しに何でも入れてしまうのであり、それほどまでに、霊魂を欠いたままで自分を放っておくのであると。「目を見張るばかりの弱さのあかし」であろうか……。そのとおりである。バシュラールはさらに、漠然とではあるが、深層において、ベルクソンと自分との間に何らかの共犯関係があると痛感していた。というのも、ある種のイロニーによってこのことを語った後で、バシュラールは言葉を変え、態度を改め、自らの最初の反発を逆転させて、往年の習わしであった青ざめた香気の中で、「ラヴェンダーがシーツの秩序にベルクソン的持続を持ち込む(51)」ことを見出すのである。

話がベルクソンに及ぶや否や、バシュラールは常に感情と判断のアンビヴァレンスを示す。この点に呆れながら魅かれる機会が、われわれにはまだあるだろう。魅惑と嫌悪。ベルクソンに対してもっと負い目が少なければ、バシュラールはもっと平静でいられたろうか。自分を目立たせようとする意志のうちには、常に何らかの不安がある。また「論争的理性」を精神分析するのも、おそらく無駄ではないであろう。詩的理性の、真珠の光沢を持つ深層へと入り込むにつれ、バシュラールは実りのないこれらの攻撃を諦めるであろう。このときバシュラールはすでに、自身の平静さの倫理によって、新たな静寂主義を編み出しているであろう。つまり、休止――セネカはオティウムと言った――についてのバシュラールの哲学は、論争――ポレモスとヘラクレイトスは言った――についての彼の哲学を凌駕するか、少なくともこれとバランスをとることができるであろう。水と和解する火である。〈アニムス〉〈アニマ〉である。

この点には再び戻ることになる。さしあたり、われわれは次のように所見を述べるにとどめよう。よく見れば、二人の著述家の間では、不一致よりも一致のほうがいっそう深く、またいっそう実り豊かであると。

三　否定的認識論のために

ベルクソンとバシュラールを、「目的因」から読まねばならない、ということだ。彼らの目指すところは同一なのである。つまり、理性を世界の諸次元へと開くことであり、世界を理性の諸限界のうちに閉じ込めないことである。冗舌な形而上学の罠や先入見に対抗して、二人は共に、真の偉大な哲学、つまり無言の哲学の厳密さと魔力のうちに、コスモスとロゴスの密かな共犯関係を見出す。

このことは、最初は同じ一つの確信によってであったかもしれない。この確信は、バシュラールによって一五〇ページの著作のうちで展開され(52)、ベルクソンのもとでは、半ページほどのいくつかの定式に要約される。この確信とは、「否」と言う直観である。

「普通に受け入れられている諸観念、明証的に見える諸命題、そのときまで科学的なものとして通っていた主張を前にして、直観は哲学者の耳に、不可能だ、と囁く。諸々の事実や理由により、このことが可能であり、現実であり、確実であると信ずるよう、君が誘われるそのときですら、不可能だと囁くのだ。不可能だと。なぜなら、ある種の、おそらく判明ではないが、決定的な経験が君に私の声で語るのである。この経験は、引き合いに出される事実や、与えられる理由と折り合わないと。だから、これらの事実についての観察が間違っているのであり、これらの推理は偽なのであると。これこそ直観の否定的力能の、特異な力である。この力能は、どうしてさらに、哲学史家の注意を惹かなかったのだろうか(53)」。この力能はバシュラールの注意を惹いたのであり、だからこそ彼は、この否定の力能をあらゆる発明の黄金律としたのである。

経験〔実験〕は、「古い経験〔実験〕に対して否と言う」のでない限り、新しくはありえない(54)。ここにはおそらくひとつの誇張があり、「新しさ」の本質的で決定的な特徴が、このようにして把握されるのが確かかどうかについては、まだ証明を待たねばならない。この図式は、科学的思考に起こる革命を指摘するうえで興味深くはあるが、特異な発明の出現に関する限り、必ずしも説得力があるわけではない。

なるほど、どのように現代物理学が古典物理学を凌駕したかを、後追いで示すことはできる。だが、だからといって、アインシュタインが相対性を発見したのは、ニュートンに反論するためだったと認めることはできるだろうか。そのうえ、何かを提示するということは、対立することによってしかできないと信ずるのはどこか子供じみている。ベルクソンは、特に初心者がこうした態度をとると認めている。「英雄への呼びかけ」あるいは賛嘆は、同じく有力な、発見の手段であるかもしれない。またバシュラールは、『否定の哲学』の最終章で、否定主義と虚無主義についての彼の展望を適切に区別しようと努めている。したがって、真の直観的否定性の深い根拠をもっと先まで探り、なぜ認識論が、科学の知らないこと、科学のできないこと、科学の望みえないこと、等について、われわれに教えるのかを示さねばならない。バシュラールもベルクソンも重視する、「イメージ」への訴えと科学史との間の密接なつながりの効力を、まさに誤謬を退け、問題を指し示すところに見出さねばならない。

とすれば、「否定認識論」について語るには「否定神学」について語る場合と同様に、きわめて厳密でなくてはならない。つまり、あらゆる肯定主義＝実証主義とは逆方向へと進路がとられるということである。

不明晰に見えるかもしれないひとつの逆説がある。この領域で、途上にとどまっているのはベルクソンである。より確かに、手際よく実証主義的な観念体系を覆すのはバシュラールである。

この奇妙な逆転の過程を一歩一歩たどり、いくつかの読解を通じてこの過程を照らし出してみよう。

この点で『創造的進化』を、次いで『道徳と宗教の二源泉』（以下『二源泉』と略す）を信用すれば、オーギュスト・コントとデュルケムは実証性＝肯定性について誤解している。彼らは、不可能なこと、つまり生命と意識についての科学に、物質についての科学の方法を適用するという不可能を試みるだけではない。彼らはひとつの厚顔無恥なことをしてのける。つまり自然の実在的な秩序を逆転させるのである。肯定性＝実証性とは、生命的なもののうちにあり、幾何学的なもののうちにあるのではない。さらに言えば、幾何学的なものの射程は、生き残ろうとする意志と結びついている。というのも、われわれは実在するもののうちに、適切に限界づけられた場所を切り取ろうとするのであるが、それはわれわれの生きるための条件を改善するためではないだろうか。したがって幾何学的なものも、生命的なものの方向へと歩むのである。生命的なものを目的とし、自身を生命的なものの手段とするのでない限り、幾何学的なものは有用ではない。幾何学の精神が進化の最終項であり、意識の「全体」であり、完成であるとみなせば、より遠くへと進むようにしかできていない精神の運動がたちまち止まってしまう。

この中断は、躍動を着地させ、躍動の方向性を逆転させる。この中断－反転の現象によって、ベルクソンは技術の限界をうまく説明する。つまり、技術は自由に奉仕するどころか、製作人に反逆するのだ、と。これと等しくベルクソンは、物理主義の硬化を説明する。物理主義は、どこでも通用するただ一つの手本を提案するのだが、精神の科学にとって新しいアプローチが生まれることを妨げるのであると。バシュラールの言い方を真似れば、これが重大な認識論的障害である。

今日、生物学が根本的な基準になるかもしれないとすれば、それはおそらく、意識が生命と同じ本性のものであるがゆえに、この生まれつつある科学のうちに、心的なものと社会的なものについての認識を構築するための、より十全なモデルが見出されうると考えられるからである。とすれば、コントの実証主義は静止を際立たせる。過程が再び動き出すということは、逆転を再び逆転させ、生命の躍動の最初の方向性を再び見出すということである。われわれは、この方向性が「神的なものの方向性」と混ざり合うのを見るだろう。

このように提示される実証主義の認識論については、ベルクソンが「悪」と悪意について言ったのと同じことを言うことができる。つまり、この認識論は、ひとつの「方針の誤り」なのである。だが、幾何学的なものが生命的なものの裏面（逆、と言えなくてはならないだろう！）ならば、幾何学的なものは否定的なものにすぎない。肯定性＝実証性は、全面的に、運動のうちにある。否定的な極は、ベルクソンにとって、常に休止であり、精神から見た「眺望」にすぎず、ひとつの抽象にすぎない。休止には、実際的な現実存在が一切ない。この文脈において、ベルクソンは、プラトン的な形相《エイドス》も「不動の形式」とみなし、「観点」として解釈することを提案する。したがってオーギュスト・コントは、あらゆる幾何学者と同様、まだプラトン主義者だったのである。コントは、生成を嫌悪し、不動性のうちに逃避するという、「知性の自然な」傾斜をたどったのである。

コントの誤りは、形式的表現にすぎないものに、なにがしかの「実在性」を与えてしまったことにある。この誤りは観念連合論の誤りと同じ本性のものである。観念連合論は、われわれが空間に投影する「表層の自我」を、持続のうちにあってわれわれの自由行為の担い手となる「深層の自我」と同一視するのである。幾何学的なものは、肯定的＝実証的な精神たりえない。というのは、幾何学的なものは真に精神に属するのではないからである。同じく、表層の自我は、本当はわれわれの自我ではないので、われわれの現実的な自我ではありえない。諸々の否定的な極は、ここでは特定の内容を持たず、独自の価値を持たない。否定的な極の内容は、肯定的な極の内容である。否定的な極が自らの美点を引き出すのは、肯定性との関係からなのである。否定的な極は、肯定性に反するためにそこにあるのではなく、肯定性を翻訳するため、有効な活動の世界、物理的な、また社会的な環境への調和的適応の世界での、肯定性の媒介を可能にするためにに、そこにあるのである。否定的な極には、それ自体としての関心は一切ない。実証主義の批判は、それゆえ、「否定」の概念についてのベルクソンの分析一般の、ひとつの個別的な例証なのである。直観は「否」と言うにもかかわらず、ベルクソンは否定的な諸観念を低く評価する、という見かけの矛盾にとらわれることを望まないのであれば、おそらくこの点を明らかにすることが重要である。

直観は否定的観念に対して「否」と言うのだ、と言えば、旋回して難関を切り抜けることができるかもしれない。だがこれは旋回にすぎないのか。あるいは巧妙な決疑論であろうか。

直観が最初に、自らの行う拒絶について確かであるのは、まだ判明ではなく、まだ明晰ではない、肯定的な思考の名においてであり、この点では霊魂や宇宙的規模の躍動の深みからゆっくりと上ってくるすべてのものと同様である。さらにこう指摘してもよい。ベルクソンはこのことを論拠として、哲学における批判にとっては、過ぎ去った時が一般に「失われた時」に属することを認めるのだと。というのも、拒絶の苦痛を引き受けずに、誤謬を消去するためには、新しい、肯定的な観念を示せば十分だからである。直観は、無秩序、虚無の観念といった幻影に対して「否」と言うのである。なぜなら直観は、直観の行う拒絶を正当化するために練り上げられた学説を、明晰な形で提示するに先立って、どんな手段でこうした錯覚を打ち壊すことができるかを感じているからである。とすれば、何もないのではなく、常に何かがあること、無秩序とは、二つの秩序の間の往復にすぎないこと、虚無の観念は「四角い円の観念と同じく不条理である」ことをあらわにするのは、直観である。なぜなら、直観だけが、存在で満たされているからである。すでに繰り返し言われてきたように、間違った直観はないが、直観のまがい物はいくつもありうるのだ。

そして、もしも直観というものがまったくなかったらどうか。直観を肯定するためには、直観を手に入れねばならない。これは純粋理性の公準である。新たな公理系の基礎を構成する限り、直観は豊かで厳密であるが、存在論を気どって退化するのであれば、直観はもはや超越論的な錯覚にすぎない。

ベルクソンはこの両端の間で揺れている。躍動とその着地であろうか。否定について彼が書いた数ページを読みなおそう。

ベルクソンはまず、カントの指摘を受けとめている。つまり、否定的命題に固有の機能は、ただ誤謬を食い止めることであると認める。そしてベルクソンはこう付け加える。「否定するとは、常に可能な肯定を避けることであり、否定は、ありうる肯定に対する精神の一態度にすぎない」[55]。この態度は、単に知性的な要素が介入することを意味するのではない。その反対である。純粋な知性は否定しない。さらに、知性が笑うこともない、ということが思い起こされる。この比較は無根拠ではない。否定と笑いをあるタイプの防衛として説明するのは、情緒性と判断力との混合である。受動的かつ自動的に感官からのメッセージを受け取り、欲求や期待や後悔にかき乱されず、要するに持続の潮の干満を免れる知性であれば、このような知性であるという事実からして、笑う能力も否定する能力もまったく欠いていることだろう。

神のような者には、笑い、否定することができるか。笑い、否定するためには、ある喪失を感ずることができねばならない。否定的命題は、不在についての思考を翻訳しているにすぎない。幻滅、懐旧、不安、無知である。実在性のうちに、われわれの期待する秩序を見出せるとはかぎらないとき、われわれは純粋な無秩序を持ち出す。現実存在の起源を明確に輪郭づけるにはいたらないとき、われわれは現実存在が虚無から湧き出ることにする……。だが、どんな否定も、知解可能になるには、その正反対のものの力を借りねばならない。否定はそれ自体としては空虚であり、内容を持たない。否定の力能はすべて、現実的な肯定と潜勢的な肯定という二つの肯定の間での、精神の往復運動に由来する。以上からは、否定はなにものも創造することはなく、教育的な美点しか持たないのだと結論せねばならない。否定は警告し、訂正し、「教訓を垂れる」のである[56]。

したがって、もしもベルクソンの直観が、何らかの「否定の力能[57]」を持つならば、それは彼の直観が、まずは実現しなかった期待や、心情と精神の不満足の指標であるということを意味する。このとき、すでに築き上げられた知や、獲得された技術や、はっきりしない進歩からの諸々の帰結は、絶対を求めてやまない彼の渇きを潤すにはいたらないのである。直観は本能を混じており、定かならぬ干渉縞から生気を得ている。それゆえ、否定が「知性的な行為の半分」にすぎない限り、ベルクソンの直観が「否」と言うのは、直観がまだ自分自身について無知であるということ、直観は自身の道程の半ばにしかないこと、あるいは、直観が展開することが望まれているのだとしても、まだ無意識の靄に覆われているということを意味する。さらに言えば、だからこそ直観は、最初は「不明晰である」のだ。直観は、用心から、謙遜から「否」と言うのであり、というのは、直観はまだ「然り」については、あまり自信がないからである。だが、このまどろむ「然り」は、直観が論駁し、拒絶し、防御することができるようになるだけの、新しく肯定的な、あの観念を含んでいる。この「然り」が、否定命題の「隠れた弾み」なのであり、この「然り」だけが何割かの実在性を容れるのである。

われわれの認識と社会の現状において、直観が最初は防御し、訂正するというのは自然であると思われる。というのは、知性をその「麻痺状態」(58)から覚醒させることは、直観に属するからである。

直観というこの思考の様態は、われわれにとってもはや、それほど身近ではない。数世紀にわたる科学的認識と分析的方法から得られたものが重しとなって、直観を廃止しないまでも、沈めてしまったからである。直観は休眠状態にある。生への適応は直観を括弧に入れる。われわれを「自然の主人にして所有者」たらしめようとする意志によって、われわれは製作や分類、組み立てのプロセスを特権化してきた。

物質についての認識が精神についての認識に先行するということは、しかしながらひとつの切り札であるはずだ。おそらくは、われわれを物質の重力から解放することのできる知や技術を手に入れることが必要だった。その結果として、次にわれわれの注意は精神へと向きを変えることができるようになり、この転換を思考することもできるようになる。というのは、霊魂の認識は身体の認識よりも容易ではないからである。分化と複雑性を増大させてゆく進化の、おそらくは終端において、その組織と勢力範囲のせいで、身体は最も捉えがたく、最も特異な対象のひとつとなる。身体に過去の図式を適用することはできないであろう。

数世紀に及ぶ物質についての探査と、産業文明の到来によってわれわれは、人間のくびきではないにせよ、事物のくびきからわれわれを解放するはずの道具を不十分ながらも授けられることになった。精神の科学はこれ以降、直観を覚醒させる。また知性をその縮んだ核とする意識を拡張する。そして「これまでは思いもよらなかった自由の諸形式」を発明するにいたるはずの、創造的想像力にうったえるよう求める。

この文脈では、否定は予備教育としての美点しか持たない。征服者としての直観が肯定を行うことになろう。直観は「実証的」形而上学を基礎づけうるほどの肯定を行うであろう。この形而上学が最終段階まで発展すれば、神秘主義こそこの形而上学の確証であり、ある意味では聖変化であると、信ずるようになろう。だが、このことは、ほとんど完璧な、否定神学についての無知に基づく。『二源泉』はついに、神秘主義者が行うことは「否定であり、否定的にしか表現できない規定」に尽きると述べさえする。「神秘主義者は、神がそれであるところのものを見るのであって、神がそれでないところのものについては、何の天啓も持たない」[59]。この見解は、偉大な神秘主義の著作の最も明晰な証言に背く。ベルクソンが、「神的なものの体験」と、あらゆる神秘を払拭する精神的経験主義を混同し、「霊感」と確実性を混同し、「法悦」と、行動がやがて凌駕するであろうところの瞬間的休止を混同するにいたっては、何を言うべきであろうか[60]。相次ぐ「近似性」によってしかもたらされることのない諸々の真理や、「蓋然性」の根底にある不明晰な諸々の正確さについて、何度も繰り返し肯定することと、経験のみによって得られる確実性について、断固としてここで宣揚しつつ肯定することとを、和解させるのは困難である。「誰かが見た、誰かが触れた、誰かが知っている」[61]。

形而上学的な次元には、疑いえない明証性があり、蓋然性の漸進的な蓄積は科学のためにとっておかれねばならない、と認める必要があるのだろうか。これはなるほど、ベルクソンにお馴染みの二分法に適っているかもしれない。だがこのことを認めても、ベルクソンが神秘主義に向ける情熱は十分に明らかにはならない。

これはおそらく、ベルクソン自身の持続の直観の延長線上で理解されねばならない。ベルクソンは『二源泉』において、生命の躍動が「強化」される最初の形として、持続の直観を提示していないか。持続の直観がわれわれに「われわれの内的な生の連続性」を把握させたのである。神秘主義は、さらにいっそう高い、新たな集中力の形態であり、それゆえこの集中力は、「われわれの存在の根源そのもの」と「生命の原理そのもの」をわれわれに把握させうるのである[62]。神秘主義はしたがって、「実証的」形而上学についての、一種の経験的確証となるのである。神秘主義は『意識の直接与件についての試論』以来期待されてきたのであり、また『創造的進化』によって呼び出されたのである。というのも、ベルクソンはずっと「《存在》をじかに思考する」ための手段、一挙に「《絶対》のうちで」動き回るための手段、虚無という強迫観念によって引き起こされる苦悶と偽の問題群から、哲学を解放するための手段を探求していたからだ。(63)

形而上学的直観が約束することを、神秘的直観が引きうけて成就するのである。だが、直観はベルクソンの体系を「開いた」のであろうか、それとももう一度バックルをかけるのか。『二源泉』が直観を提示する仕方によれば、直観が偉大な政治上・社会上の開口と、新たな倫理的秩序の到来を促すことに疑いはない。

反対に、直観が形而上学に、推定されたとおりに救済をもたらすことができるかどうかという点については、ずっと不確かである。「直観」が、新たな公理系の基礎となり、生命と精神の科学にとっての特殊な方法となるにとどまって、諸々の知の領域に境界を引き直す限り、また「持続」が、権利上も、またそれ自体としても終わるはずのない意識の、深い実在性として把握される限り、また「生命の躍動」が、生物学によって立てられた諸問題と、宇宙規模の生成の動揺を指し示すことを可能にする美しいイメージである限り、また「神秘主義」が、直観をその絶頂まで導く精神的経験主義の、諸々の特異な形の一つとして示される限り、ベルクソン哲学は、二十世紀における最も独創的な哲学理論であると見えてくるかもしれない。

だが、直観に《存在》を直に把握する力を委ねるところから始める以上、また教条的に、「《絶対》は心理的本質のものである(64)」と肯定する以上、体系は怪しげな本体論主義(65)に、無謀な肯定＝実証主義に変貌する。

持続の経験から神の肯定へと、極限に移行してしまうことは、何によっても許されない。直観が、空間的表象、概念的な硬直を拒み、精神現象はいうまでもなく、生命現象も説明するために、「媒介的イメージ」と「流動的概念」を提案するということ、このことについてベルクソンは、多くの場合説得力を持ちえたのであるが、だからといって、ベルクソンが表象されえないものについて発言することが許されるわけではない。表象の領域の外には、肯定されたり否定されたりしうるものは何もない。記号で表す仕方が、「象徴的」というよりは「図像学的《イメージ》」であるとしても、このことによってわれわれが、記号で表すということの外へと出るわけではない。「本来の意味で」語るのだと主張すれば、直観はたちまち、われわれの表象の究極の源泉についてわれわれが無知であることを覆い隠す、ただの言葉にすぎなくなる。

ベルクソンとバシュラールは、表象の源泉がひとつではないと指摘することで、すでにかなりのことをした。少なくとも「二つ」であるとベルクソンは言うが、彼はユークリッド的なモデルからほとんど隔たっていない。「複数」であるとバシュラールは言い、ロバチェフスキイの役割を演ずる。だが、哲学の新たなリーマンは、われわれにこう述べることもできるだろう。「ひとつもない」のだと。なにものも、彼方へ行くことはできない。起源を懐かしむことにより、あらゆる蜃気楼への扉が開く。

持続の直観は、極度の微細さと稀な深みを備えた心理的実在性を開示する。だが何をよりどころにしても、自我の超越性は自我とは別である、と言い張ることはできない。どんな変貌も、真でも偽でもない言明の対象を作ることはできない。したがって、おそらくここでは、メタ生物学《ビオロジー》である形而上学《メタフィジーク》を、「認識」の一形態とするのを諦めねばならない。これが、カント哲学を開くのだと信じながら、ベルクソンがベルクソン哲学を閉ざす唯一の点である。

バシュラールが要求するのも、カント哲学を開くことであるが、その意味は同じではない。われわれは感性的直観しか持たないのだとする、『純粋理性批判』に名高く、さらに言えば同じく名高い七〇年の『就任論文』に示唆されていた主張を、ベルクソンが度々そうするように[66]楯にとって、この主張を乗り越えるのだと言い張ってみても仕方がない。狙いはもっと謙虚であると同時に、もっと野心的である。より謙虚であるというのは、カント的な不可知論を論駁し、存在論の根拠に対するカントの批判をもう一度無効にするためには、超越論的直観を用いることなど求められないからである。カントが一つしか取り上げなかった「批判」の方向を複数にするだけである。幾何学が非ユークリッド的になるように、哲学は非カント的になるだろう。哲学は、自らが否定するものを破壊するのではなく、これを開きながら変形するのである。

「非‐カント哲学」は、カント哲学をより幅広い哲学へ変身させたものであり、ここには、さまざまな仕方で参照される、より広汎で深い学問の基礎となる道具《オルガノン》の特殊例の一つとしてカントの体系が含まれる。カントの分析は、ユークリッド幾何学の文脈においてしか真ではない。カント哲学は、『方法序説』が科学精神の永続性を定義しなかったと同様、理性の確固不動の構造を記述することはない。あらゆる合理的な言説は、自身が弁証法的に展開することを予見し、この展開をうちに含むのでなければ、「その場しのぎの言説」でしかない[67]。

狙いはまたいっそう野心的である。というのは、カントは「知性的直観」をわれわれが用いることを拒むのであるが、この「知性的直観」が現実に存在すると少し急いで認めれば済むわけではないからだ。

息の長い作業を遂行し、極端な場合にはカテゴリーをすべて取り上げて、いかにしてこれらのカテゴリーを開くのかを、ひとつずつ指摘しなくてはならないだろう。『否定の哲学』は、批判哲学の改鋳を提案することによって、従うべき方向性を示す(68)。超越論的論理学は、経験の諸々の「十分」条件を定義した。超越論的論理学の誤りは、これらの条件が、また「必要」条件でもあると付け加えてしまったことである。というのは、これらの条件は、ユークリッド的であるとともにニュートン的な、伝統的科学の文脈においてのみ、「必要」条件だからである。こうした伝統的科学については、現代の思考がその限界を指摘したばかりである。

「通常の直観が捉える空間のうちに、諸々の客体があるのだが、この空間は関数的空間の退化したものである。関数的空間において、諸々の現象が産出されるのである」と述べるとき、バシュラールは間接的に、ベルクソンによる空間と延長の区別を取り入れており、またたしかに、科学が「運動」を考慮すべきだという要求にも耳を傾ける。だが一方でバシュラールは、科学はまさに運動を考慮しつつあるのだと確認し、さらに、時代遅れの科学について語る点でベルクソンを批判する。また他方でバシュラールは、「表象」の諸平面を厳密に区別することによって、カント哲学を乗り越えようと提案するのである。つまり、「思考される」時間と空間は、「生きられる」時間と空間ではなく、またそうあるべきでもない、ということである。

「正当に知性化された表象の次元が、現代の科学的思考の働く次元なのである。思考と生きる必要との絶縁を示す諸事例を組み合わせることができれば、否定の哲学は自らを一般的な学説として組織するであろう(69)」。また、バシュラールはすかさず、ここではまさに「形而上学的」な帰結を得るのが狙いであることを明らかにする。

　だが、バシュラールはこの「形而上学」と、存在論とを混同することはない。科学がそれ以降は「現象」を認識しようとし、固定した現象にすぎない「事物」を認識しようとはしない限りにおいて、したがってまた、科学がそう信じられているほど、持続と疎遠ではない限りにおいて、この形而上学は、新たな「現象学」なのである。科学が扱う対象は、まさに「運動する」対象である。バシュラールに従うならば、「停止点」について語るとき、ベルクソン哲学はカントがそうするように、アリストテレス的なタイプの論理学、ユークリッド的なタイプの幾何学、ニュートン的なタイプの物理学等々を参照するのであり、カントを乗り越えることはほとんどない。この条件のもとでならば、ベルクソン哲学は過去を批判することに巧みである。だが、この過去はすでに乗り越えられた過去なのだ。現在の科学の歩みに従わねばならなかったはずである。物理学と生物学が論じられるとき、批判は厳しく、不当ですらある。この点にはまた戻るとしよう。とはいえ、批判は本質的な点に向けられるという長所があった。というのは、ベルクソンが「科学」という語によって意味するのは常に、知性の永続的な構造であり、まるでそれ以外には「科学的」であるための手段はないかのような、裁断と分析の恒常的な方法だからである。その結果、別な方法、別な心的態度を備えた、生命あるいは意識についての認識をベルクソンが語るとき、彼はもはやこの認識を「科学《シアンス》」とは呼ばず、「形而上学」と呼ぶのであり、さらには、この認識が象徴と無縁でなければならないとしても、この認識を、ひとつの「学知《シアンス》」以外のなにものでもないものにしている。加えて、ベルクソンはこの認識を「実証的＝肯定的」と呼ぶのである。とすれば、われわれは次のように問うことができる。ベルクソンは、人間の科学の将来にとってきわめて実り多い、方法論的な企画をまるごと定義しようとしているだけではないのかと。だがまさにこのことによって、ベルクソンはあらゆる存在論の扱う領域を縮小しようとしているのではないのかと。

見てのとおり、バシュラール哲学の「否」は、ベルクソン哲学の「否」よりも確実に、「実証＝肯定」の精神を破壊する。というのも、バシュラール哲学の「否」は、現われては廃れてゆく実証性＝肯定性それぞれの内部、それぞれの表象の領域の内部に、弁証法を導入するからである。バシュラール哲学の「否」は、それぞれの実証性＝肯定性を、これらの実証性＝肯定性とは別の秩序に属し、もはや「科学的」ではないはずの実証性＝肯定性と対立させることはないのである。

デカルトへの言及に対しても、同じタイプの分析を用いることができるだろう。ベルクソンにとってもバシュラールにとっても、認識論は非デカルト的であるか、さもなくば存在しないかであろう(70)。だがベルクソンの「否定」は、本質的にはデカルトにおける特定の不整合に向けられている。それは機械論の肯定と、自由意志の肯定との間の不一致である。また物理学は新しかったというのに、それを体系化するにあたって、古代的な、言うまでもなくプラトン的な形而上学を手本としたという不一致である。

真なる直観を欠いているため、デカルトの学説は二極の間で揺れており、そのせいで諸解釈の間の不一致が生ずる。これらの解釈のうち最も明晰なものは、機械論を特権的なものとみなすことによって、「偏狭なデカルト主義」に到達するほかない。この意味でのデカルト主義の責任が、実はデカルト本人よりも十八世紀の医学的哲学者たちにあるように思われるのは確かである(71)。

連続的創造の理論を「とことんまで」つきつめると、反対に「息をふき返すデカルト主義」が考え出されることになろう。このデカルト主義は、運動に絶対的な性格をとり戻させるのであり、機械論を、もはや方法にすぎないと考える。このとき科学の役割は、「事物の流れ」に同化することではなく、ただ「事物の流れ」を、スクリーンのようなものへと移し換えることである。要するにこれは、ベルクソン的なデカルト主義なのである。ベルクソンに次の不変の傾向があることは公然のこととして指摘できるだろう。すなわち、ひとつの学説が直観にあずかるや否や、この学説はカントの批判をかわすだけでなく、この学説によって、ベルクソン的結論が再発見されることになるのだ。このことによって、ベルクソンが哲学史に対してとる、二重の態度を説明できる。ベルクソンは、諸学説のうちにあって、冷めて結晶化した諸々の体系に対しては批判的である。とりわけ、学説を戯画に貶める「真理の社会化」をプリズムとして、これらの学説が屈折することに対しては批判的なのである。だが、これらの学説の発生をたどる直観の芽を、ベルクソンはそこここに植えなおすのであり、このとき彼はこれらの学説の真価を認めているのである。

その代償としてベルクソンは、かなり常軌を逸した仕方で、自分の思想を他人の思想へ投影しなくてはならないかもしれない。これが歴史家に勧めるべき最善の方法ではないのは確かである。だがこのことはまた、一つの体系がベルクソンの様々な直観によって生き残り、また、程度の差はあれ、あらゆる偉大な哲学が、ベルクソンが自ら確立しつつある形而上学を、予告したり完成させたりするという確信に基づくのである。

バシュラールの否定は、よりいっそう集中しており、またよりいっそう徹底している。バシュラールの否定は、『精神指導の規則』の第一規則に反論して、方法の多数性は精神の豹変と転換を前提とするのであって単に精神が適用される対象の多数性をのみ前提とするのではない、と述べることで満足はしない。バシュラールの否定は、論争の核心、つまり「単純なものども」についての学説にまで遡る。

諸々の直観は、その各々にとっての方法を創造し、各々にとっての対象を練り上げるに応じて多様化するのであり、また逆も真である。というのは、科学的対象が「現実に存在する」ことはないからである。知覚してリストアップすれば済むようなレヴェルの実在性と足なみをそろえて、科学的対象が、一度に与えられるわけではないからである。科学的対象は構築されるのであって、対象が構築される仕方は限りなく変様するのである。精神は、自らを作り出しながら、科学的対象を作り出すのである。真の合理性に由来する諸々の用語を定義しなそうとするとき、われわれはこの形成途上の思考の躍動に寄りそわねばならないのであり、まさにこの思考の歩みを詳細にたどるべきなのである。

最初は〈単純な〉要素を手にして、次にこの要素を要素同士で組み合わせ、遂には複雑なものにいたる積分的な解析を、真の合理性と混同することは原則的にできないであろう。バシュラールはここで正しくも反論を許さない。「単純本性、単純実体は存在しない(72)」。とすれば、再び問い質さねばならないのは、デカルト的な公準である。あらゆる「自然」、たとえば図形や運動が、関係の網の目のうちに置きなおされねばならない。この網の目なしには、自然が知解されることはなく、ましてや効果を発揮することはないのである。諸現象は、われわれが「要素的」だと言うところの現象であっても、実際は本質からして複雑である。とすると、デカルトの歩みを逆転させねばならない。つまり、この複雑性から出発し、さらにはいたるところに、一見すると単純なものにすら、複雑性を見出す工夫をしなくてはならない。「単純なものは、常に単純化されているのである。とすれば、単純化する過程の産物として現れる限りにおいてしか、単純なものが正しく思考されることはありえないだろう(73)」。

この分析と、非‐実体主義や非ラヴォワジエ的な化学の前兆を扱った分析との間に、厳密な平行関係があることに注目しないわけにはゆかない[74]。同じ推論が、「純粋性」という概念に適用される。元素〈純粋な物体〉は現実存在しない。反対に「不純であることが知られている実体を相手にするとき」にこそ、「純化」という操作が考え出されるのである。

古典化学に限って言えば、科学が時間を排斥するというベルクソンの批判を正しいと考えてもよい。だが、ここでもバシュラールは、新しく与えられるものの全て、とりわけ光化学を考慮して、化学的実体〈化学物質〉の力動的性格を解明し、またとりわけ、化学的実体が複雑な実在性であることを確立するよう提案するのである。つまり、化学的実体とは、物質‐エネルギー混合なのであり、物質とエネルギーという二つの項のうちいずれも他に優先しない、ということである。エネルギーは実体と同じく「実在的」である。また実体が、エネルギーよりも実在的であるわけではない[75]。とすれば、時間性を免れる絶対的な永続性として、化学的実体を定義することはもはやできない。

さらに、実験というものの完全な転倒へと、われわれは誘われる。なぜ、実体の時間的な研究が提唱されないのか。ラヴォワジエは構造についての研究にとどまった。非ラヴォワジエ的な化学は、新たな概念の導入によって、この研究を補完する化学である。新たな概念とは、輻射の概念である。以上からはこう結論してもよいくらいである。つまり、バシュラールによれば、化学的実体はこれ以降、放射線を照射された物質として定義されねばならないだろうと。「補完する」という動詞が、ここでもこだまのように用いられる。「非‐デカルト主義は、補完されたデカルト主義である」と『新しい科学的精神』は述べていた[76]。そもそも、バシュラール自身が、われわれの解釈を正当化してくれる。彼は結論として、次のことを認めなかったか。「ラヴォワジエ的ではない化学は、われわれが非デカルト的認識論と呼んだところのものの特殊例である。われわれには何度も指摘する機会があることだろうが、否定の哲学が秩序立てに対して行うさまざまの破壊は、自らを秩序立てる」(77)。バシュラールはどんなに些細な機会も逃さず指摘するのだが、問題は先立つ科学的図式（ここではラヴォワジエの化学）の重要性を否定することではなく、より大きな概念枠のうちでこの図式をどう考えなおさねばならないかを指摘することである。この、より大きな概念枠は、古い図式を廃止するのではなく、古い図式を包括し、裏づけるのである。だがそのための条件は、まず古い図式を転倒させる勇気を持つことである。これは「つらい転倒」である(78)。

これと比べれば、確立された文化や世間に受け入れられている規範に属する、偽りの明晰さを持った観念に安住することは、まだつらくない。否定的弁証法が避けようとする危険はまさにこうしたものである。つまり精神の獲得物は、実際よりも美化されて輝くのであり、この輝きに自己陶酔して見とれていると、精神は「関節硬化を起こす」(79)。たしかにベルクソンは、すでにこのような偽りの明晰さの罠について告発していた。しかしベルクソンは多元論を二元論にまで切り詰める。つまり、空間と持続、知性と直観、物質と精神の二元論にまで切りつめるのである。あたかも、彼が推奨する二つの方法、つまり分析と綜合、科学的方法と形而上学的方法が、実在するものの二つの次元に対応すると同時に、精神の根本的な二つの方向性に対応するかのようにである。その結果ベルクソンは、「乾涸びた合理主義」への批判の射程を、ひどく狭めてしまったのである。

バシュラールは理性に対して、まさに、理性があらかじめ確立しておいた規則を問題とするよう求め、理性が理性自身に抗って、また必要とあれば混迷に陥る危険を冒しながら働くよう求めるのである。「実験のうちで、理性が賭けられないならば、この実験は、わざわざ試みられるに値しない(80)」。

根気づよく精神分析される建築的な理性——というのは、感性を精神分析するだけでは不十分だからであるが——に取って代わるのは、「論争的」理性である。「論争的」理性を戦闘の精神に還元してはならないし、ましてやもめごとをしようとする何らかの意志に還元することなどあってはならない。「論争的理性」は、思考を、思考の過剰そのものにおける常軌を逸した振る舞いにおいて、渦乱流へと返してやる理性であり、精神の偉大なる冒険を試みようとする理性である。この点を誤解してはなるまい。「論争的理性」は科学のうちで作動するばかりではなく、詩人のさまざまな活動領域「と子供の愛の緑の楽園」を横断するのである。

理性を危機に直面させ、狂おしい仮説と夢みる瞑想の危険を冒させる同じ意志が、諸公理の間の弁証法と宇宙的な力能への祈願を推し進めるのである。哲学にも同じことが起こらないか。死後の精神の存続、これこそ冒すに値する実に「美しい危険」ではないか。

白い鳩の螺鈿《らでん》色の飛翔をたどるよりも、電子の連発の軌跡をたどるほうが、常軌を逸していないというわけではない。科学者が詩人よりも気違いじみていないわけではないし、詩人が科学者よりも良識がないわけでもない。科学者も詩人も、世界を解読するのであり、理性に理性自身の眩惑の贖いをさせるところまで理性を押し進めることによって、世界を再び出産するのである。科学者と詩人とで手段がときに正反対というほど異なっても、両者の狙いは同一なのである。当時は「乾涸びて」「硬化した」合理主義者とは似ても似つかなかったルネ・デカルトなる人物は、十一月の夜の薄青い輝きのもとで、

『詩人集成』、つまり、哲学者たちに先立って「自然のうちにある科学の種子」を発見する詩人たちを扱った書物について、思索を凝らさなかったか。何について夢みるのであろう……。

そしてバシュラールの夢は、ここでデカルトの夢を補完する。種子を見出すだけでは足りない。種子を生じさせ、生み出さねばならない。掘り下げ、掘り返し、引き抜き、粉砕し、捏ね合わせ、立てなおすのである……。

方法のなかの方法、それは、見違えるほどに、理性を激変させることなのである。口の減らない理性を、推理する理性に変えるのは、瀬戸際にある意志であり知ではあるが、それでも、諸関係のネットワークを発明することによって沈没を食い止めるであろう。「論争」とは、明晰さへの疑いである。この明晰さは新しい光によって広まりはするが、最初の明証性を乗り越えることは決してないのである。

科学における昼の想像力と、詩における夜の想像力をむやみに対立させるのでは、バシュラールの思想を歪めることになるだろう。論争的理性を、科学的なものと詩的なものの相互の、得体の知れない葛藤にしてしまってはならない。同じひとつの振る舞いの内で、闇と光からなる、あらゆる種類の戦端が開かれるのである。科学にいくつもの夜があるのと同じく、科学にいくつもの昼があるのは、科学にいくつもの夜があるからである。客観的認識を精神分析し、認識論的障害を研究することは、科学と疎遠ではないのであり、それは、一貫した空想力の神秘的な飛躍を研究することが、詩の外で行われるわけではないのと同様である。詩人にいくつもの夜があるのは、詩人にいくつもの昼があるのと同様であり、それは詩人にいくつもの昼があるからである。

方法と対象の本性はどうあれ、あらゆる精神の冒険は、暗闇から教えを引き出すことができるはずだ。

科学哲学は科学哲学なりの仕方で、地獄へと降り、砂漠を横断することを求める。とすれば科学哲学も、夜に敬意を表することができるはずである。この夜とは「空間ではない」が、「永遠の脅威」なのである[81]。

第二部　偽りの光明

客観的認識の精神分析をすることとは、真理を非実体化することである。真理を非実体化するとは、誤る行為を劇的なものとはしないことである。エルラーレ・フーマーヌム・エスト〔聖ヒエロニムスの書簡五七・一二にある言葉〕を、こう訳すことができるだろう。「誤謬というものは人間的でしかない」。これは誤謬が有限性の指標であるからとか、神だけが欺きもしなければ誤りもしないであろうから、という限りのことではまったくない。そうではなくて、誤謬が、避けねばならず、あるいは乗り越えねばならず、いっそう根本的には除去せねばならない、少なくとも潜勢的な災厄、少なくとも可能な障害となるからである。というのは、誤謬は不可避ではないし、克服不可能ではないからである。誤謬を宿命にしてはならない。誤謬は反対に、真理がまずは自由の賜物であることのしるしなのである。正確な回答、巧みな思いつき、有益な発明が、努力なしに得られ、一挙に幅を利かせるなら、これらのものはすでにわれわれの手柄ではないであろうし、すべてが断固として決定されていることになるだろう。ベルクソンもバシュラールも、こうした「怠惰な論拠」を持ち出すことはない。絶対的な光、面前の太陽は、弔鐘の鳴らされるべき者たちにしか現れない。日々の生の前進と、歩みの遅い歴史の変化のうちでは、誤謬は断じて偽りの輝きでしかない。

一　弁証法とそのさまざまな仮面

バシュラールの弁証法を、昼の力能と夜の力能との単なる対決として提示するならば、何らかの偽の明晰性の安易さに身を任せることになろう。「然りと否との貧しい弁証法」と、バシュラールは『夢想の詩学』(82)において述べている。「論争的理性」を、独自の綜合において命題と反対命題との対立を乗り越える力と取り違えるならば、おそらくは同じく思い違いがまかり通ることになろう。「弁証法的合理主義をヘーゲル的な主題に結びつける」という誘惑に抵抗しなくてはならないと、『合理主義的投企』は認める(83)。だが、弁証法という言葉の、バシュラールにおける用法と、ベルクソンにおける用法を完全に調停するという得体の知れない夢に引きずられてもならないだろう。今度は、『持続の弁証法』がわれわれにこれを禁ずる。

顔にさまざまな仮面をつけると、わずかな違い以上のことが生ずる。少なくとも三つの仮面を粗描せねばならない。

一、バシュラールは、適用はどうあれ理性的思考の深い弁証法と、一つの相反するもの、つまり空虚と充溢、休止と運動、直観と概念、といったものの皮相な対立とをひたすら何度も繰り返し区別する。したがって、バシュラールの哲学を、一対の概念の回りを巡る軌道に書き込むならば、この哲学の射程を著しく縮小することになるだろう。ベルクソン哲学を閉鎖と開放の矛盾のうちに押し込めるのも、一面的である点ではほとんど同じである。すべてはずっと精妙で複雑なのだ。弁証法とは学説を構成するための教条の一つだ、ということにしようとすれば、教条的な理性に引導を渡すという弁証法に固有の機能が空しくなる。バシュラールとベルクソンは、少なくとも次の公準においては一致している。つまり、動く思考の歩みを探知すること、「なりつつある」ものと一体となること、「出来合いのもの」を記述しないことが肝要だ、という公準である。だが、理性的な創造とは、ましてや、やがて見るように、超理性的な創造の反発力とは、現在の「否」を過去の「然り」と、やたらに頭ごなしに対決させることではない。こう性急では、今日の論争的理性は明日の閉じた理性でしかありえないだろうし、科学的な進歩も「近似的認識」もないであろう。

弁証法とは、一個の止揚であるが、また一個の完成でもある。弁証法は自身の否定するものを保持する。弁証法は、自らが反論するすべてのものを、関係のネットワークの内で統合しなおすことによって、変身させるからである。このネットワークが、反論されるものに、新しい適用範囲、内包の点でも外延の点でも異なる意義を与えるのである。バシュラールの証言そのものによると、弁証法は単に幅広く展開されるだけではなく、深さにおいて異なる様々なレヴェルで展開されねばならないのである。バシュラールが好む例を取り上げれば、平行線という知見は公準の特定の総体に相対的である、と認めるだけでは足りない。新たな幾何学のうちで、平行線という言葉そのものはその「存在」を失い、可変的な意味体系が一瞬とる姿にすぎなくなる、とまで言わねばならない。知見が定義される条件を変化させるに応じて、この知見がどの程度まで、存在論的意義を全くを持たないひとつの構造でしかないのかを測ることができる。とすれば、この弁証法化の過程に歴史的な側面があることは無視できない。というのは、認識の進化をたどり、諸々の知見を、この知見に加えられることになる一連の批判の光のもとで分析せねばならなくなるからだ。例を挙げよう。「われわれにはこう思われる。現代物理学における原子を理解するにあたり、原子のイメージの歴史に言及しないわけにはゆかないし、実在論的な諸形式と合理主義的な諸形式を取り上げないわけにはゆかないし、また認識論的な断面図を明らかにしないわけにはゆかない」(84)。不可避と思われる結論はこうである。すなわち、知見というものは、この知見の定義がたどったあらゆる有為転変の独特な総和であり、また、科学的弁証法は、自らの対象を製作するばかりではなく、「超‐対象」を創造するところまで進みさえするのである。奇妙にも、この超‐対象が含むものは、対象そのものよりも少なくさえある。それというのも、超‐対象は、上澄みを移し取る作業によって得られるからである。批判の諸結果しかとどめないように努めるせいで、沈殿物、つまり廃棄の結果は途方もないものとなる。廃棄したのは、理解を妨げるイメージの数々である。この意味で、弁証法とは偶像破壊の作業である。対象についての最初の表象に過剰な負荷をかけるイメージが打ち砕かれるに応じて、対象化のさまざまな過程は互いに動的な仕方で一貫してくることになり、それだけいっそう、否定の哲学が入念に仕上げられることになる。おそらくは、複数の「否」の哲学、と言うべきであろう。

ここから、真の科学哲学が確かに否定的であることの根拠がわかる。少なくとも、神を知るためにあらゆる偶像崇拝を拒絶し、感官と心情と精神の沈黙のうちに、神を避難させるあの神様主義者と、いずれにせよ同程度には否定的である根拠がわかる。黄金の仔牛を打ち砕く仕方はいくつもある。だがこれらの仕方は、一点においては共通する。つまり、あらゆる存在論的立場の拒絶である。ここから、否定の哲学は破壊の意志から生ずるという結論を引き出すことはできないだろう。バシュラールは何度も繰り返し明言しているが、否定の哲学は反対に、「構築的な働き」[85]なのである。論争的理性と論争マニアの間には、批判的精神とすべてを批判する嗜好との間にあるのと同じだけの距離がある。構築は、ある形での禁欲を要請する。削除し、消去し、放棄すること……これはすでに、プロティノス的な神秘主義と静寂主義のいわゆる異端思想が教えるところである。科学者も、「清貧の方法」[86]を実践せねばならない。公理を弁証法的に展開すること、概念を修正すること、これらは検討と純化の技術というべきものであり、またさらにこの技術は、それ自体が意味を持つために、神秘主義的夢想から永らく引き継いできた遺産に根づくイメージ、つまりイメージを廃棄するためのイメージ、厳しい偶像破壊に役立つ美しい図像を見出す。つまり、感官の夜と精神の夜、見かけの上の死である。しかしこの死は光明の兆す夜明けに再生するための死である。この光明について、一方は理性を超えると言うのであり、他方は自然を越えると言う。これは同じひとつの透明さの表裏ではあるまいか。『夢想の詩学』を執筆するとき、バシュラールは、いくつかの方法同士の対応関係を意識するだけであり、またこれらの方法を対立させるためではなく統一するために区別するのである。先立つ科学哲学の著作を否定するどころか、バシュラールはこれらの著作を、禁欲の実践のいっそう広い体系のうちに改めて位置づけるだけである。彼は反省と探究の領域を拡げることによって自らの哲学的弁証法に磨きをかけ、自らの一貫性を表明するのである。だが、拡げるためには掘り下げなくてはならない。あるレヴェルの深さでは、真の弁証法はある思考の営みの連鎖の内にある。この思考の営みは、ア・ポステリオリには次のことを見出す。すなわち「否」とは然りの逆ではなく、いっそう確かな仕方で、「然り」である。ただ、この「然り」は、まだ開き切ってはいないのである。

二、ヘーゲル的な弁証法をア・プリオリと考えることによって、バシュラールはヘーゲルと自らを区別しようとする。バシュラールは実際、ヘーゲル的弁証法が一つの知性的な枠組みではありながら、一般的にすぎ、抽象的にすぎて、特殊な諸知見の歴史を明らかにし、これらの知見の修正に手を貸すことはできないことを指摘する。ヘーゲルの弁証法はバシュラールから見ると、道徳や政治にはなるほど役立つかもしれないが、科学において有効とは見えない。「ヘーゲル的弁証法は、精神の自由の、細部にわたり、また再生する、日常的な行使に行き着くことはできない」(87)。とりわけ、バシュラールの弁証法が、すでに組織立てられた合理的諸体系の、超合理的な組織化である限り、この弁証法は、「知の内奥における矛盾(88)」の実践というよりも、ある体系から別の体系への移行の方法として提示される。だが、もっと先へ行かねばならないと思われる。つまり、さまざまの移行や、激変、突然の飛躍のうちに、創造の原型を見る一個の思想にとって、最初に与えられる命題と反対命題との融合として綜合を理解することは不可能だからである。バシュラールは、物理学において命題と反対命題は矛盾するのではなく、むしろ補完の関係にあると指摘するばかりではなく、とりわけ、彼が強調するのは否定の、形式についてなのであって、この否定は排他ではなく、逆に自身が否定するものを包含するところの進展である。この点を強調するためにバシュラールは、弁証法を対決と葛藤の過程としてではなく、包括の過程として定義するのであり、ヘーゲル的な展望のもとにある反省の順序を逆転させるのである。

生成は、存在と無との二次的綜合ではない。生成がまずは原型なのであって、その上で、存在についての思考と無についての思考がそこから生ずることができるのである。発生論的認識論の関心を惹くのは、二つの極の接点であり、両者のもともとの混合であり、一方から他方への根本的な移行なのである。したがって、そう思われうるのに反して、発生論的認識論は、閃光の明晰さや、深海の闇を称賛することはほとんどない。むしろ、科学哲学者の関心を惹くのは、推移や断絶であり、幾何学が傾き、物理学がぐらつくためらいの瞬間なのであり、力学が自ら波打ち始めるときなのである……。同様に、夢想家の関心を惹くのは、重苦しい眠りでも死に際の無意識でもなく、曖昧な夢想であり、過去の影響と未来のいざないとのさまざまな境界が穏やかにぼやける諸瞬間であり、「不安定な欲望がつきまとう軽い憂鬱症(89)」であり、夕暮れの美しい時間である。そこでは新たな思考と不透明な言葉とが形作る明暗の二重性の厚みのうちで、眼差しが居心地好さを感ずるのである。川、焔、葉、変化するもの、慄くもの、身じろぐものである。夜の状態または昼の状態のどちらかにある想像的なものとはちがう。陰から光へ、光から陰への、不確かな移ろいのうちで湧き上る、諸々のイメージなのである。弁証法は、好奇にとらわれ眩暈するこの眼差しのうちにあり、偽りの暗さを持つ「いつ昼は始まるか」という問いへ、「夜が終わるときだ……」という偽りの明るさを持つ答えを下そうと試みるのである。

これが曙と呼ばれるのだ。

三、弁証法について最も多く語るバシュラールの著作が、主に科学を扱う『否定の哲学』と、主に詩を扱う『夢想の詩学』であると指摘されてきただろうか。持続についての著作は、その第一章においてしか弁証法について扱わないし、かろうじて結論において弁証法へと立ち戻るのみである。科学的弁証法と詩的弁証法。真の二律背反は内的であることを理解させるにはこれで十分である。最初は、科学と詩が対立させられるのではなく、科学についての狭く時代遅れなある考え方が、科学性についてのもうひとつの考え方と対立させられ、ほとんど無意識的で不毛な夢の一形式が、別の夢幻症の形式に、創造的夢想に対立させられる。ベルクソンの教えがここで大いなる遺産となっている。習慣的記憶は、忘却と対立するのではなく、イメージ記憶と対立する。また静的宗教は無神論と対立するのではなく、動的宗教と対立する。同じく、閉じた体系は、何らかの知性的アナーキズムと対立するのではなく、別の、つまり開かれた体系と対立する。バシュラールはさらに、『否定の哲学』において、ベルクソン的な閉鎖と開放の弁証法を何度も利用しながら、この弁証法をいっそう複雑化させる。真の弁証法は単線的ではなく、遠心的である。真の弁証法は、中核の統合を全面的に解除するのであり、さまざまな知見を、知見そのものに眩暈が生ずるところまで押し進めるのである。それゆえ、弁証法は必ずしも二項からなるというわけではない。三項、四項、n項にまで、完全に破裂してしまう弁証法を想像してもよい。それでよいのだ。だが深層の自我と表層の自我ではなかったのか。そのとおり。だが深層と表層の間には、限りなく多くの選択肢がある。つまり、「最も深くないもの、常に最も深くないもの（男性性）から、常に深いもの、常に最も深いもの（女性性）へと、弁証法は展開する」と『夢想の詩学』は述べるので[90]あり、この展開の各瞬間は、望みのままに弁証法的に提示できるのであって、それは、科学者が「逐一」、弁証法的に展開すべき諸公理を探さねばならないのと、まったく同様である。[91]イメージの忍耐、概念の忍耐である。弁証法は、唯一同一の躍動のうちで構成されるのではない。弁証法は複数の運動を含む。「往復」、「紆余曲折」とベルクソンは言う。「ぎくしゃくした動き」、「断絶」とバシュラールは言う。だが、ベルクソンが二元的イメージに忠実であるのに対して、バシュラールは意図してわれわれの善悪二元論的習慣をかき乱す。つまり、「偽」に対する「真」ではなく、多くの誤謬が暴かれ、多くの健全な拒絶によって立てなおされるからこそ、近似性の長い連鎖が、いつわりの確実性に取って代わるのである。制限された正確さに対する、破裂する正確さである。バシュラールは科学を、訂正された誤謬の連鎖、廃物が堆積する容器にすることができただけだという主張があるだろうか。このように主張するのは、性急な解釈を優遇する点でも誤っていることになる。バシュラールは逆に、あらゆる発見、あらゆる発明は、それらが生じた当時、生じた場所で、それらによって前提とされた当の領域の内ではある意味で正しく、新しく、確かに有用であったのだと指摘している。歴史には歴史の塵があるが、これは黄金の塵である。正しい位置で、正しい調子が鳴る。思考するとは、位置づけるということである。そしてまた、自分の身を置くということでもある。

したがって、バシュラールがいつでも、当時は成功の道を順調に進んでいたベルクソンを相手に、自らの身の置き方を探していたとしても驚くまでもないだろう。いくつかの例によってこれから明らかになるように、もっともなときもあるが、大概は根拠がない諸々の批判を越えて、論争の核心部に、根本的な差異を記さなくてはならない。バシュラールは、たとえ厳密に方法論的なものであっても、もはや二元論を実践しない。とすれば、昼と夜、科学と詩、といった二項からなる偽の弁証法にバシュラールを閉じ込めるならば、バシュラールの仕事の独創性が見逃されてしまう。そのうえ、これでは実際以上にバシュラールがベルクソン的になってしまう。バシュラールに馴染み深い数学的な例を切り口に、問題を評価することができる。非ユークリッド幾何学にはすでに、少なくとも二つの座標が含まれる。つまり、リーマンとロバチェフスキイの座標である。ユークリッドの公準に向き合う可能性は、それゆえ唯一ではなく複数である。同じ考え方は、物理学や化学などにも及ぶ。バシュラールにとって、弁証法的に展開するということは、公理と論証の極度の多種多様性を前提とするのであり、バシュラールは「多様化する詩」とまさに同じく、「分散する哲学」について語るのだとわれわれは指摘することになろう[92]。だがこの分散や多様化には、何ら乱脈なところはない。

ごた混ぜでも、ガラクタ置き場でもない。全く逆に、この分散あるいは多様化には、概念や経験の秩序を絶えず立てなおすことが前提とされる。「科学の図式はいつでも作りなおすべきものである」と、すでにベルクソンが言っていた。弁証法とは、常に「再組織化の寸前[93]」にある、この合理的思考に固有の方法なのであり、詩も純然たる無秩序ではない。隠喩を断じて、イメージの敗走ととり違えてはならない。論争的理性がどれほど騒々しく、芸術的感性がどれほど度外れであっても、こうした理性や感性の冒険は、常になにがしかの「構築」なのである。だが、構築的思考が、「知識豊かな[94]」思考のまさに先へと進むことを明らかにしなくてはならない。だからこそベルクソンは、まだ保守主義者に見えることが多いのである。メルロ゠ポンティと同様、バシュラールはベルクソンを、あまりにも知性に馴染みの図式、つまり作為的二分法や伝統的枠組みに近いといって非難する。「ベルクソンは自分が知性の人であると知らない知性の人である」と、バシュラールは『夢想の詩学』において記している[95]。そのとおり、ベルクソンは知性の人である。だがベルクソンは自分が知性の人であることを知らないわけではない。ベルクソンはこのことを、しかもじつに率直に、納得してさえいる。ベルクソンにお馴染みの、また、ときにバシュラールがベルクソンから拝借して、まさに炸裂へ向けて飛び立たせる、あの手続きに従って、ベルクソンは二通りの知性主義を対立させる。つまり、自らの観念を創造し、これらの観念を内から活気づけ、おそらくはひとりそれのみが「真理」を述べるところの知性主義と、「動く諸観念を固定された概念へと不動化し、それによって、動く観念をコインのように扱う」ところの知性主義と、である。いうまでもなく、ベルクソンがつくのは第一の知性主義の側である。また、バシュラールは、『意識の直接与件についての試論』（以下『試論』と略す）における持続の知見や『物質と記憶』における記憶内容の知見を分析するにあたり、別の命題に置き換えられるために持ち出される知性主義的諸命題と、これらの命題のかわりにベルクソンが提起する命題とを、必ずしも区別することはない。一方には閉鎖が、他方には開放があるのだが。

このようになる理由は、バシュラールの方法にその一端がある。というのは、ベルクソンが時間と持続を、また空間と延長を対立させるとき、バシュラールは外見上は二項からなる弁証法を堅持しつつも、時間化の過程や局在化の焦点を多数化しようと工夫するのであり、このことによって、さまざまの弁証法を多次元的に創造しようとする。だが、そのせいで、ときには当のベルクソン的な持続の性格を、もはや見分けられないといったことになる。例えば、連続的な持続についてバシュラールは批判するのであるが、この持続は、明らかに、『試論』の言う持続ではないのであり、反対に、バシュラールが連続的な持続に加えると主張する修正のうちに、『試論』の言う持続が見てとれる。とりわけバシュラールが、ベルクソンの独創性は「記憶内容」のうちにあり、「創造」や「発明」や「予測不可能な新しさ」を称賛するどのページにも見られる「着想」にあるのではないという論述。あるいは、サルトルの言うように意識そのものではないとしても、ベルクソンにおける自由は意識の本質をなすというのに、ベルクソン的な自由を「偶然」とみなす主張。最後にとりわけ、持続の連続性への還元。これらのことは特異な無理解とでも言うほかない。バシュラールが原典を知らなかったからだとは、とうてい考えられないからだ。「われわれはベルクソン哲学について、連続性を除けばほとんどすべてを受け入れる」(97)。続く箇所がこのことを裏づける。つまり、ほとんどすべてのバシュラールの定式は、拡大ないし縮小された、ベルクソンの定式なのである。「怠惰のみが等質であり、取り戻さねば保持できないし、やりなおさねば維持できない」。持続とは「われわれの作品」なのである。「持続を、均一で単純な与件であるとみなす権利はない……」。「凡庸な活動を引き延ばし、予測不可能なものを予測しようとやっきになるならば、幸運から豊かに反論されることを覚悟すべきである……」。「記憶が固定されるのは、記憶がまずは、想起の諸条件に従う限りにおいてである。したがって、……諸々の選択にとりかかるときにしか、思い出すということはなされない」。「緩慢で生気のない、粗雑な経験の世界を前にして、驚くという習慣はたちどころに忘れられる。ついには象徴的に思考することになるのだが、それは総体としての諸現象が、象徴のように不動だからである」、等々(98)。

このように、完璧にベルクソン的な命題を支持する引用をかき集めて束にすることができる。間接的に『試論』を正当に評価するものとしては、A・コイレのヘーゲル研究さえ思い起こすことができる。「ヘーゲルは、時間という知見、抽象的時間の抽象的知見、物理学に現れる時間の知見、ニュートン的時間、カント的時間、数式と腕時計の直線的時間について分析しようと企てたのではない。問題は別である。時間そのもの、時間の精神的実在性を問わねばならない。この時間は均一な仕方では流れない。われわれがそれを貫いて流れるかに見える等質な媒質でもない。この時間は豊饒であり、生命であり、勝利である……」[99]。まさに「この時間」は、真の宗教が神秘主義と呼ばれ、真の正義が愛徳であるのとまったく同様に、真の時間であるがゆえにベルクソンが時間と呼ぶことを拒んだ、ベルクソン的持続である。同じものではないのであるから、「別なものが問われねばならない」のであるから、名前を変えねばならない。ベルクソンのはっきりした二元論は、可能な表象の緻密さをすべてふるい落とすためにあるのではない。この二元論は、根本的に教訓的なのである。「真理」の根本的な他性について、明晰な意識を持つことを助けるのである。「それはこれである」と有無を言わさず述べる力がないとき、まずは「これは別のものだ」と示そうとするのであって、名称の変更はこのとき、内部から弁証法を乗り越えるひとつの仕方となるのである。時間に時間が対立すれば、これが持続となる。また空間に空間が対立すれば、これは延長となろう。知性に知性が対立すれば、これは直観となる、等々。

このことからまた、ベルクソンにとって、弁証法がどこまで言語の問題なのかが見て取れる。矛盾は事物のうちにはない。「一対で進」み、同一のものについての対立する二つの観点となるのは概念である。だが、真の直観を備えるであろう者にとっては、同一対象のうちに置かれてこそ、この対立は理解できるのである。とはいえ、やはり言語的で、やはり概念的な第三の項によっては、この対立を乗り越えることは永久にできないであろう。この意味で哲学は、弁証法の手前にあるものであり、おそらくは弁証法に加わることの拒絶でさえある。直観を語る言説の様態が作り出されるときだけが例外である。

これは「直観の弛緩」であり、このとき直観は伝達されようし、ある意味で、諸概念のうちに弁証法的に展開することを余儀なくされる。さらに言えば、これはベルクソンが責任を持って弁証法という用語を用いる唯一のケースである。他のあらゆるケースでは、ベルクソンは弁証法という語を特定の学説の文脈で、大概は軽蔑的な意味合いで用いるのである。例えば、「純粋な弁証法」は「言語に蓄えられた認識の萌芽によって形而上学を構築しようという誘惑[100]」以外のものでは決してない。さらに、ベルクソンから見れば、プラトンの哲学とはこうしたものであり、この哲学は、「ある言葉の意味についての同意が探られる場としての会話であるとともに、また言語を指標として事物を分配しなおす営みである[101]」。プラトンの哲学が、続いて神秘性を目ざすとしても、それは自らと無縁なもの、つまりギリシアの閉じた合理性を超越しようとするさまざまの努力の賜物である。これらの努力は、弁証法の上に、超理性的なものが再び湧き出した姿であって、この超理性的なものが、次第に神秘主義へと弁証法を開くことができたのである。とはいえ弁証法は神秘主義を完全に統合するにはいたらなかった。プロティノスですら、まだギリシアの知性主義に忠実である。「プロティノスには約束の地を見る機会は与えられたが、その土に触れる機会は与えられなかった[102]」。いずれにせよ、ベルクソンはこの点について疑問の余地はないと主張する。そしてわれわれはこの点について深く疑問を抱く……。『二源泉』が主張するギリシア神秘主義の読み方は、あまりに単純で作為的であるため、ギリシア神秘主義の原典との照合には耐えない。観照における見神は透明であり、観照における創造の自発性と豊饒性は、この透明さから引き出される。『二源泉』におけるギリシア神秘主義の読み方は、この観照の本性と全面的に疎遠なままである。「私は観照するのであり、ここに諸物体の諸系列が、まるで私から発出するようにして実現する[103]」。

バシュラールは、いっそう確実にプロティノスと結びつくのであるが、それはバシュラールが、「コギト」の一形態を明らかにするときである。この「コギト」においては、主体と客体との間のあらゆる断層はあいまいになり、感覚的・精神的な混沌のうちに最初の統一性が見出され、静寂が一致のしるしとなる。つまりは青い靄のさまざまな法悦、宇宙の大洋の輝きに溺れる両眼のせいで、もう自分には眼差しを振り向けない自我、「神とは別のものになることを恐れるあまり[104]」、自分についての意識を失うことをもう気に病まない、ひとつの見神なのである。

この展望において、ベルクソンの持続に関するバシュラールの故意の沈黙を、単なる方法の不一致に、つまり二元論から多元論への移行に限定するのは、たしかに困難となるであろう。賭け金は、もっとはるかに深いと推察される。方法論の変容は、学説についての誤解の目じるし、というよりは徴候なのであって、おそらくここで、この誤解を払拭した方がよい。

――バシュラールは持続があたかも等質的な実体であるかのごとくに推理する。だが、逆にこういう解釈を避けようとして、ベルクソンは躍動や方向性や傾向について語るのである。持続は運動であり、生成の指標であり、お望みならば「媒介的イメージ」なのであって、バシュラールが誤って述べるように、「ひとつの隠喩」ではない。おそらく持続は、異質的な諸瞬間や諸状態の統合となり、また相互浸透となる特異な体験にほぼ忠実な、唯一のイメージであり、このとき持続は、これらの瞬間や状態の空間への投影や、並列と対立する。連続性について、穏やかで静かな流動性として語るならば、連続性がメロディーと比較されることについて、誤解は解けないままとなる[105]。ベルクソンが、流れの擾乱や川の増水、火山の火も引き合いに出すことを忘れてはならない。さまざまなイメージの分岐は、この持続の諸々の質の分岐を示唆するためにそこにあるのであって、持続が持つ諸々の性格のいずれかを特権化する定義のうちに持続を閉じ込めることは、原則的にできないであろう。達成すべき努力、乗り越えるべき障害、引き受けるべき動転によって十分に、持続も生命もベルクソンから見れば「長く静かな河」などではないということを示せる。それは大いなる戦いから勝ちえたものである。持続は「われわれの作品」だとバシュラールは言う。ベルクソンが一度でもその反対のことを述べたろうか。ベルクソンは絶えず、直観が「対立する流れ」に導かれねばならず、獲得された習慣、有用な知覚、通りのよい観念といった「下り坂を遡る」のでなくてはならず、感官と知性の自然な運動を「逆転させる」のでなくてはならないと繰り返してきた。とすれば、生命および精神の運動をこれほどまでに統御することと、安易な連続性に身を任せることを取り違えることなどできない。

それだけではない。持続の感情は、バシュラールがこれに委ねる統　性と等質性を持たない。連続性ならあるのか。そのとおり。だが「諸持続の連続性」、つまり複数においてであるとベルクソンの原典は言う。自我における持続は、持続の唯一の形ではない。宇宙もまた持続する。

砂糖が融けるには時間がかかり、果実は変容のための正確な時間を経てしか結実しえない。花の成長も鳥の飛翔も、持続の様相の一例である。物質までも、持続の分散の結果として定義されうるのであり、その結果として物質は、ライプニッツのように瞬間的精神（*mens momentanea*）というよりは、むしろ精神の一契機（moment de l'esprit）、つまり精神の否定的な契機、精神からの落下物となるのである。だが、落下物は死ではないし、否定は取り消しではない。物質は躍動を呼び、躍動に従うという形で、躍動に貫かれている。吸っては吐き出すことによって、と言うことができるだろう。物質とは、躍動が最も全面的に分散する様をわれわれが最後までたどることができるとすれば、この分散が到達するであろうところの極点である。全く同様に、躍動の秘められた深みにおいて、躍動が最も全面的に集中する様をわれわれが把握できるならば、この集中が到達するであろうところの極限こそ、《精神》である。この、無ではない宇宙的な無限小と、永遠性の約束である精神的な無限との間にあって、意識的な持続の干満だけが経験の対象となるのである。集中のあらゆる段階、分散のあらゆる段階が、これら両極端の間で経験されうる。だがこれら両極端は、単に思考されうるだけではないのか。この両極端を経験しうるとしたら、形而上学は全面的に「実証的＝肯定的」になる。形而上学は「統合的経験(106)」として定義されうるだろう。これがベルクソンの偉大なる夢である。だがどんな哲学もこの夢を実現できなかったことを、おそらくは喜ぶべきである。

――バシュラールには、ベルクソンがあたかも思考を生命と同一視したかのようにみなす傾向もある。バシュラールは、「生命のうちに根ざし、生命と同じ歩みを歩むことによって、生命と必然的に同期する思考に、直接的に触れると主張する、この内部性の学説」を非難するのであり、この学説に対して、バシュラールは「生命から解放され、生命の上に吊り下がって、生命を宙吊りにすることもできる(107)」思考を置く。われわれは、前者のうちにベルクソン哲学を認めることにも、後者のうちに哲学のキーワードを見出すことにも、等しく困難を覚えると告白しよう。なるほど意識は、生命の躍動の特殊な形として、また、おそらくこう言ってもよいが、進化の現勢的な躍動のうちに、この躍動の最も複雑で最も分化した形として、現れることさえある。だが、生命ある有機体を作り出すのが、物質を貫く意識なのであって、その逆ではない。ベルクソンはさらに、意識が「本来は生きる者のすべてに内属する」[108]と認めるほどである。とはいえ、意識の程度は無限に可変的であり、さらには、精神は明晰な意識に還元できるわけではない。精神は「より多く存在すること」として、つまり、「それが含むよりも多く」を自身から引き出し、まさに生命の彼方に自らの「原理」を認め、またこの原理を思考することができるはずの能力として定義される[109]。生命の運動に寄り添うということは、生命の運動そのものとは自ずから別であるし、ましてや生命の運動に還元されることもなく、生命の運動を超越するのである。思考が生命に根ざすのは、自然が権利上もそれ自身としても予測しなかった仕方で、生命を発現させるためなのである。精神にはある種の「反自然」が備わるとすら言える。というのも、民主主義を思考し、愛徳を実践し、「よりよく息のつける社会」のための諸条件を確立するには、自然とは反対方向へと進まねばならないからである。ベルクソンほどに、心理的なものや社会的なものが、精神的な現象を説明するのに十分たりえないことを示した者はなかった。ベルクソンは、デュルケムをある意味では押し進めながらもデュルケムを超えて、思考と生命との間に、物理学と化学の間にあるのと同じ差異を確立する。またベルクソンは、「まどろむ牧童が流れ去る水を眺める[110]」ように、哲学者が単に自身が生きるのを眺めながら、自身の内奥についての観照にのみ閉じこもることは望まなかった。結局、またきわめて明示的な仕方で、すべてを自らとともに連れ去る単一の持続、「底も岸もなく、どんな勢いを持つか定まらないまま、定かならぬ方向へと流れる河」という観念を、ベルクソンは退けるのであり、これに対してベルクソンは、さまざまの異様な光のうちで蠢き震える、「多数の、分散する諸持続」を置くのである[111]。

それでもやはり、この多数性は生気説的一元論を背景としてしか浮かんでこないのであって、ベルクソンは生気説的一元論をうまく拒めなかったし、さらには、これを拒む必要もなかった。胚から胚へ、世代から世代へと移行する、あの最初の「推進力」を、精神が幸福な霊感において再び見出し、その仕上げをするにしても、あるいは物質が、この推進力を妨げ、これに負荷をかけ、しまいにはその場での足踏みや、消えた花火の暗さのうちに、この推進力を飲み込むにしても、昇り沈むのは同じ《太陽》である。表向きの二元論、垣間見える多元論は、この文脈では、同じひとつの実在性の裏と表、羊皮紙で出来た同じ古文書の表紙と見開きである。物質と精神のそれぞれが、それぞれの秩序において、生命の躍動の変容なのであり、その限りで経験の対象なのである。だからこそ、科学と形而上学は、等しく「実証的＝肯定的」と言われるのである。科学と形而上学が、方法の点で異なるとすれば、それは見出す対象ごとの特殊性を重んじ、経験のタイプごとに「絶対的に新しい努力」を払う経験主義の名においてである。躍動の軌跡を「上方へ」たどろうと「下方へ」たどろうと、意識の外へ出ることはない。意識は、自らを超越し、「自らを中断する」のである。だが、昇るときと沈むときとで、同じ道具が必要となるわけではない。また、異なりつつも補い合う二つの実証＝肯定性についてベルクソンが述べるときに、上昇に肯定的な性格を認め、下降に否定的な性格を認めるのは、おそらく誤りである。イメージによる教育法は両刃の武器である。イメージの両価性、多価性、イメージの色彩から生ずる虹について、読み違いを避けたいならば、注意を怠ってはならない。だがそれだけではない。ベルクソンは、厳密な意味で新しい観念を、まったく伝統的な哲学的カテゴリーを背景として表現するという、文体上の難問をかかえている。何も言うべきことのない、あの韜晦屋たちが、借り物の、さらに言えば凡庸でありきたりの諸観念を、うわべばかり難解な言葉遣いで悪趣味にけばけばしく飾り立てて喜ぶのとは反対に、ベルクソンは最も大胆な思想の数々を提示するにあたり、《大古典期》の平明で保証つきの言語を用いる。このことが、諸々の逆説や不均衡を、またときには、気がかりなほどに違和感のある混乱さえも創り出すのである。ベルクソンは十分、彼が語ることが過去の科学の枠組みにはもはや収まらないことを感じている。ベルクソン自身、より広くより複雑な科学が必要であろうと述べるが、こうした科学が一九〇五年以来誕生したことを、彼はまったく理解していないように思われる。例えばここで、ベルクソンは「下へであろうと、上へであろうと、われわれがたどろうと試みる」[112]持続について語るとき、この、まだあまりにもユークリッド的、あまりにもアリストテレス的な、閉じた世界に属する言語が、ここで経験によって確かめなくてはならないであろう多数の過程にとって、まったく不適切であるにもかかわらず、このことを読みきれていない。無限で空虚な宇宙のうちには、上も下もなく、右も左もない。エピクロスはこのことをすでに、明晰な仕方で確立していた。エピクロスが断固として非ユークリッド的で、先駆的にリーマン的であったという事実は、われわれを哲学の歴史性から解放する。持続の直観は、「上」とか「下」というカテゴリーのもとでは語ることができないのであって、それは意識的事象の強度が、「重い」とか「軽い」とか、「より多く」とか「より少なく」といったカテゴリーによっては語られえないのと同様である。結局はスコラ的な用語法とデカルト的な二元論の方法に忠実であるために、ベルクソンの図像学《イメージ》はしばしば、自分が告発しようとするはずの隠喩のうちに転落することになる。だからといってわれわれまでもつられて罠にはまることはない。なぜなら、ベルクソンの図像学によって端緒を開かれた観念は、バシュラールがわれわれにその実り豊かさを教えてくれた「否」の哲学から見ればきわめて適切な意味で、デカルト的ではなくスコラ的でもないからである。したがって、誤りでこそないがあまりに多くの場合に性急な解釈をするにもかかわらず、ベルクソンの提示するいくつかのイメージに不安定さを覚えていた点で、最終的には『持続の弁証法』の著者を擁護することができる。ということは、『持続の弁証法』の著者は適切な位置に身を置いているのであり、だからこそ持続の直観が非ユークリッド的、非アリストテレス的、非デカルト的、非カント的な用語で語られるよう欲し、また、そのためには新たな言語、『試論』の華麗な弁舌よりも伝統に忠実ではない別の言説を、哲学のために発明する必要があると感じているのである。どこか「ボードレール的」なところがあるとバシュラール自身が認める奇妙な書簡集において、アニムスの書とアニマの書、科学の理性と詩の理性、あるいは科学と詩の、それぞれの存在理由ともいうべきものを、たがいに響き合わせることにより、バシュラール自身がこの新たな言説を発明しようと試みたのではなかったか。ベルクソンの言説はもっと冗長であり、もっと混然としており、もっと苦くはない波に溺れているのであるが、非常に忍耐づよい魂の注意力を要請する。この注意力が、安直な見かけを疑わせることになるにちがいない。というのも、安直な見かけのうちには、源泉から流れ込むものは何一つなく、とりわけ持続が流れ込むことはないからである。魂の注意力は、古い溶岩の下に新たな火の熱を見つけ出し、おそらくはなんのユーモアも交えず、古い皮袋を集めて新しい酒を入れれば入れるだけ、皮袋が破れうることはいっそう確かだと述べるのでなくてはなるまい。もっとも、ベルクソンの同時代人たちはこの点を誤解することはなく、ベルクソンの「革命」を頼みにした。言葉が大仰だ。ベルクソンはもっと慎ましく、「革新」と記していた。それなら、われわれは「革新」で満足してもよいだろう。

二　機械論の偽りの輝き

機械論よりも「自然な」ものはなく、にもかかわらず機械論よりも偽りのものはない。機械論の厳密さは騙し絵でしかなく、その輝きはきらびやかさで人を欺く罠でしかない。技術の形而上学が被る災厄は、すべて機械論に由来するのである。この形而上学に属する工具は、片端から製作人《ホモ・ファーベル》に背くのであって、こうした道具のなかには、最も普遍的と見える道具、つまり言語的な工具も含まれる。ベルクソンは何度も言語的な工具を告発し、この工具そのものを、工具ないしは道具という元々の身分に、つまり、生命的なものの働きについての、比喩的表現に役立つものという身分に、位置づけてしまおうとするのである。

機械論の「錯覚」は、実在的時間、つまり持続を排除してきた形而上学を拠り所にしている。この、「錯覚」が告発されるページの調査目録を作るのでは、もはや決着はつかない。この「錯覚」によって、物質科学の成功と、生命科学の挫折を、共に説明することができるのである。ここでは、錯覚の哲学的な諸前提を分析することで満足することにしよう。これらの前提事項は重大な結果をはらむのである……。

ベルクソンから見ると、われわれは生まれながらにプラトン主義者であり、また幾何学者であるからこそ、生まれながらに技術者である。知性は自然発生的に、製作へと、役立つ活動へと進むのであって、実在についての有効な認識へと進むのではない。精神それ自体が、「本能を授けられている」と言われる。つまり、機械論的本能である(113)。

機械論的本能のモデルは、程度の差はあれ、アリストテレスにおける陶工である。ベルクソンは、職人の行為が効率のよさを目指すことを、それゆえ、定義からして利害を離れた芸術家の行為と混同されないことを、公準として掲げる。有用性を目指す行為と、美だけを目指す行為との間のこの区別については、言うべきことも質すべきこともあることだろう。オリーブ油を溜めるのに役立つ壺が、それだけ美しいのは、たまたまでもないし、ついでにでもない。起源からして、職人が芸術家と真に区別されることはなく、また、美しいものは利害を離れた無関心の所産ではなく、別な利害関心の所産であるかもしれない。歴史的かつ美学的なこの論争に立ち入ることはせず、われわれは、ベルクソンが多くの場合、活動の図式を功利的な機械論へと還元すること、またベルクソンはこのとき、功利的機械論を「製作」と呼ぶこと、他方、真の活動性とは哲学と芸術の活動性であるとして、ベルクソンはこれを「創造」と呼ぶことを、確認するにとどめよう。このことは、『二源泉』における二つの表象形式に対応する。つまり虚構作用と想像作用である。この区別は、プラクシスとポイエーシスとの、プロティノスによる区別の遠い記憶だろうか。何にせよこの対立により、技術の成功を保証する知性が、どこまで知の挫折にあずかっているかを確認することができるようになる。これは、有名になった図式どおりに、単に製作人が知性人へと進むから、というだけではない。ほとんど言われていないことであるが、製作人は知性人を妨げてきたからである。われわれの認識理論が損なわれているのは、活動の次元でのみ通用する過程が思弁の次元に移植されるからである。ところで、活動は反復においてしか稼動しえない。「同一が同一を再生産する」のであり、その結果、流動性に対立する知性は、「触れるものすべてを固定させる」[114]ことにおいて非難されることになる。知性は、すべてが一挙に与えられることを公準に掲げる形而上学、運動を排除することにより、新しさについては思惟することができない形而上学、つまり、予測不可能であり、途方もないものですらある、前代未聞の形態の創造については、思考することができない形而上学を拠り所とするのである。技術は機械論の公準を要請する。変化を、部分の単なる整列や乱れであるとみなし、「何が」移動するかについても移動を実行する行為についてもまったく知られていない移動であるとみなすのでなくてはならない。要するに、時間はもはや、空間の尺度でしかありえない。「徹底した機械論はひとつの形而上学を含む。この形而上学において、実在するものの全体は、ひとまとめに永遠のうちに置かれるのであり、また事物の見かけの持続は、すべてをいちどきには認識できない精神の欠陥を表すのみである」[115]。だが、この条件においては、時間はスナップショットあるいは連続写真という様態以外では、ほとんど思考されえないのであり、空間における隣接や併置と同じことになる。とすれば、このことは、具体的に時間を粉砕するということなのである。だがまたこのことは、物質を自ら動く力のないものに還元するということでもある。というのも、しかじかの対象に形式を与える生命について、ましてや、この対象の現実存在を可能にする、さまざまの運動や衝撃や突然変異について、一切配慮されることはないからである。有機的固体の限界を描けば、物質的な閉鎖系を創造するには十分なのであって、この系の歴史については、いくら無知であってもかまわないのである。というのも、大切なのはまさに、これらの系をそれだけで切り離すということなのであり、自身も持続する宇宙、その流動性そのものからして知力の手に余る宇宙という全体の背景から、これらの系を抽出することなのである。技術が「無機的固体」しか対象としえないからといって、また、生きた系に関わるや否や、技術がたちまち作為的になり、還元的になるからといって、驚くまでもないであろう。諸々の自然的な系は常に開いており、常に動いている。というのも、定義からして、自然的な系は、自らが死ぬことによってしか、閉鎖しえないだろうからである。自然的な系が生きている限り、「当然、時間が刻印される帳簿がある」(116)。

だがベルクソンは、さらに次のことを認める。「不連続のものにおいて、不動のものにおいて、死においてのみ、われわれは寛ぐ」。してみると、技術の誕生を指導してきた形而上学が、死体の心理学に根拠を置くということを、さらに公準として掲げなくてはならないのだ。奇妙な逆説だが、生命の諸条件を維持し、生命をたどることを、死をもたらす操作によってする他ないのである。生命には、自身の正反対のものを見物することにより、自身の弁証法を創造する必要があるのだろうか。流れを宙吊りにし、静止にしるしをつけること、これは一時的に、不可避なものを避けることである。生きるということは、流動性、展開、流れに寄り添うことではなく、不動性とは混同されようもない集中の運動のうちで、一時的に死を妨げるところのものを捉えなおすということである。ベルクソンから見ると、持続の紆余曲折への沈鬱な無関心としか思われなかったとしても、古代の哲学者たちにとって形式、本質、また無時間性へのこの志向は、実質としては今見たようなことまで意味するのではないか。古代の哲学者たちが生成を拒絶するのは、死なないためのひとつの仕方であり、死を受け入れるための仕方ではないのである。永遠なる神々は河の岸辺でとどまる……。『ルクレティウスからの抜粋』への註解があるとはいえ、ベルクソンはエピクロスの教えを真に読み取ることができなかったのであり、さらにストア派の教えについても同様である。この点を納得するには、ベルクソンが『二源泉』において、エピクロスやストア派の人々を、あの閉じた理性へと追いやる様を確認すればこと足りる。しかし閉じた理性は、これらの古代哲学者によって「ロゴス」と名づけられるものとは、ほとんど関係ないのである。例えばベルクソンは、ストア派の哲学のうちには、群集を熱狂させるほどの神秘的情熱を失った、冷たい合理主義だけを見ればよいと、またエピクロス派の哲学のうちには、創造的自由のうちで投企の倫理が基礎づけられることをどうしても理解しない寒がりな思慮だけを見ればよいと思い込んでいる(117)。古代ローマ人たちが「ロゴス」の訳語とした「ラティオ」という用語が、分離を本分とし、時間的な事象を空間へ投影するという悪事の虜となった知力にとどまらず、それ以上のものを意味していたという事情、つまり「ラティオ」については、永遠なるものによって引きおこされる眩暈によって内から光を受けながら、宇宙を予言的に読み解いてゆく道具として定義されていたという事情を、ベルクソンは見落としているように思われる。空間へと投影される雑種の時間ではなく、時間という鏡のうちで読み解かれる空間である。『試論』の命題とは正反対である。だがまさに、あれやこれやの形式のもとで、ひとつの系が時間と空間との親族関係、または連続性を確立し、もはや時空を厳密に区別しなくなれば、たちまちこの系は「悪しき形而上学」を作り上げることしかできなくなるとベルクソンは考える。

とするとわれわれが、アインシュタインに対するベルクソンの誤解を、ギリシア思想に対するベルクソンの不手際と同じ原因から導いても、驚くにはあたらない。どちらの場合にも、論争を歪めているのはベルクソンの空間についての理解である。同じことがベルクソンのフロイトに対する関係についても言えるであろうが、これについてわれわれは別の所でその図式を粗描しておいた(118)。これらの主題は、これまで適切に扱われてこなかった。網羅的な研究を引きうけることは、なるほどバシュラール－ベルクソン間の対話の枠組みには余る。この研究を上手く進めるには、物理学者、精神分析者、哲学者を成員とする研究グループがまるごと必要になるだろう。だが、この不適切に立てられた問題が解決されずにきたのはなぜか、また今日、どんな基礎に立って問題が再考されうるかについては、ぜひ明示しておきたい。

まずは、ベルクソンのカトリック洗礼と同じく思いつきの域を出ない伝説は排除しておこう。つまり、著者が一時的に再刊を拒んだことを口実に、『持続と同時性』が取り消された、または否認されたとする伝説である。意図について無駄話や証言や告発を背景として哲学史を書こうとすれば、さまざまのグロテスクな臆断のうちに進んで迷い込むのが関の山であり、注意深く落ち着いて読み進めれば、そのような臆断を十分に粉砕できるのである。ベルクソンが前言を訂正し、補完し、これに含みを持たせることならありえても、前言撤回ということは断じてありえない。彼の著書はすべて、絶えず先立つ諸著作への言及を含んでおり、先立つ著作の諸命題はすべて、本質的なところを再度取り上げられ、かつ保持されている。このことは、ベルクソンを読む上で絶対に曲げられない事実である。一九三四年に、『思想と動くもの』の緒論第二部の一節は、『持続と同時性』の主要な諸論題をもう一度確認している(119)。この一節を一九二二年当時のものとすることはできない。ベルクソンはこう記しているのだから。「われわれはかつて、これらのさまざまの点に一書を割いた」。「かつて」とはどうでもよい言葉ではまったくない。われわれはまさに十二年後にいるのである。ベルクソンは自説を要約はするが、何も否認しない。ベルクソンがアインシュタインを批判したことが一度もなく、アインシュタインの発見の科学的な重要さに異論を唱えたこともないのと比例して、ベルクソンは何も否認はしないのである。ベルクソンはただ、物理学における時間と、心理学における時間との対話を築くことに専心したのであり、このことを通じて、相対性のさまざまな逆説と、常識のうちにおのずと与えられるものとの折り合いをつけようと企てたのである。しかもアインシュタインが、このことを過不足なく認めている。一九二二年四月、アインシュタインはベルクソンにこう答えているのである。「それでは問題は次のように立てられますね。つまり、哲学者にとっての時間は、物理学者にとっての時間と同じ時間であるか、と」。これより適切に述べることはできないだろう。問題はきわめて正しくもこのとおりに立てられるのである。すると、なぜ解説者たちが、問題を別な仕方で立てようと、特に、対話する二人が相互に無理解であるせいにしようと躍起になるのかが問われることになる。まさか、実際にはベルクソンについてもアインシュタインについても理解していないのは解説者たちのほうだから、というのでもあるまい。相対性理論を、持続に関するベルクソンの形而上学の論駁に役立てることは、持続の形而上学を、相対性に関するアインシュタインの理論の論駁に役立てることと同様、不可能である。ベルクソンは、物理学の土俵でアインシュタインを論駁すると主張したことは一度もなかった。ベルクソンはただ、いかに革命的であろうとも、科学から「実在論的」結論を導き出すことはできないということ、また、異なる二つの形式における同時性を混同するのは危険であろうということを、確立したかっただけである。ベルクソンは自らの確信にも方法にも忠実に、相対性理論が数学的な形式主義のひとつであること、および、相対性理論が語る時間は、生きられる経験にとっての時間ではないことを、過不足なくに示そうとするのである。まだある。アインシュタインの相対性理論を、「力学における教条主義の転覆」として解釈するかわりに、ベルクソンは相対性理論をこの教条主義の延長線上に位置づける。拡大され、修正されるとしても、力学は力学である。ニュートンとアインシュタインとの間の相違は、程度の相違であって本性の相違ではない。この一点で相対性についてのベルクソンの解釈とバシュラールの解釈は分かれる。

精確に述べよう。

(a) 相対論的形式主義——空間と混合された時間、第四次元の時空連続体は、「計算のなかで」しか現実存在を持たない。ベルクソンが生きられる経験への結びつきを新たにするのは、この最初の主張によってである。[120] 時間を計測し、計算し、翻訳するに先立って、時間を体験しなくてはならない。とすると、ベルクソンが「実在する時間」と呼ぶものは、全面的に物理学の目から逃れるのである。物理学者も暗黙のうちに、このあらゆる者に共通の時間のうちで活動するとしてもそうである。また記憶がなければ時間はないから、時間は当然、心理的、精神的な秩序に属する実在性であり、意識の一特性であって、意識という語を十分に広い意味にとり、宇宙のうちに生ずる運動の、また言うに及ばず自律性の、あらゆる粗描がここに含まれるようにするならば、おそらく時間とは意識そのものである。この点では『持続と同時性』は『試論』をくり返している。ただこれのみが真実のものであるこの時間は、「持続」と呼ばれねばならないのであり、持続は空間への投影の運動によって媒介されない限り、計測されえないのである。つまり、外面化されなければ、持続は計測されない。だがそれならば、この外面化の結果はまだ持続なのであろうか。持続を計測するや否や、時間については「雑種的な概念」、不純な混雑物が語られることになるだろう。この混雑物について、物理学はいくばくかの手がかりを持ちうるのだが、この混雑物は実際のところ、誰にとっても現実には存在しない。結局、この混雑物はまさに「空間の第四次元」である。ベルクソンがこの点でアインシュタインに譲歩することはないのであり、それは周知のとおり、ベルクソンはこのことを、一八八九年以来、自力で確立していたからである(121)。

したがって、計測の可能性そのものにとって絶対に欠かせない空間と時間の混合態に準拠する点について、ベルクソンがアインシュタインを非難することもないし、また、ミンコフスキによって提案される表象に異論を挟むこともないのは明らかである。それはもちろん、ミンコフスキの表象が時間のために「特別の地位」を用意するからであり、時間を空間の他の三次元と同列に扱わないからである。ベルクソンが非難するのは、一方では、この連続体が仮説にすぎないというのに、われわれに持続の本性を教える「経験的＝実験的」実在性とみなされる点についてであり、他方では、この特殊に時間的な第四次元が、他の必然的に空間的な二つの次元の持つ性格を、絶対的な仕方で持つことが望まれる点についてである。ただしこれらの留保は、創造者たるアインシュタインとミンコフスキではなく、解説者たち、つまりエディントンとシルバースタインにつきつけられる留保であり、「相対性理論の哲学的意味」に関する留保であって、相対性理論の数学的表現や、物理学としての正確さに関するものではない(122)。相対性理論を象徴的表象とみなすという条件のもとでは、結合され、さらには不可分となった空間と時間の混合構造は、調査の道具、「探求の手段」となりうるのであり、この道具、手段は、実在について「望みもしなかった手がかり」を、われわれに与えることになるだろう(123)。だが、相対性理論は、この実在の実体、事物の「生地」そのものとは、混同されようもないはずである。相対性理論は「実在のすべて」を表現することはできない。あるいは、ベルクソンがアインシュタイン自身に対して、一九二二年四月の両者の会見に際して、より単純かつ直截に述べたように、「相対性理論がひとたび物理学の一理論として認められたからといって、すべて終わりというのではない[124]」のである。「相対性理論がひとたび物理学の一理論として認められた」ことを、それゆえベルクソンは認めている。いずれにせよ、ベルクソンには相対性理論を批判しようというつもりも、論駁しようというつもりもないのであり、彼自身がそう言っているのである。したがって、ベルクソンのテクスト全体が無意識な否認の連続であることを公準に掲げるような無謀で大雑把なことをするのでない限り、アインシュタインに対するベルクソンの批判や論駁を口にせずにはいられないのがどうしてなのか分からない。そんな批判や論駁はあったためしがない。相対性理論は全面的に容認されているが、それは物理学の次元におけることである。哲学者が自分の権利だと言い張るのは、物理学とはまったく別の次元へと身を置き、相対性理論によってゆらぎつつある諸概念について、その意義を決定することである。『特殊および一般相対性理論』の諸命題と、『持続と同時性』が試みる諸分析とを比較すると、ベルクソンの要約が、アインシュタインのテクストと一致することに驚く。反論もなければ、異論もない。忠実に復元される物理学者の観点と、自在に構成される哲学者の観点との、精確で、綿密で、非常に繊細かつ生彩に富んだ対峙があるにすぎない。ベルクソンは明晰に言明しさえするが、この対峙の目的は、相対性理論の正当性を問題にすることにあるのではなく、相対性理論から「曖昧さ[125]」のすべてを取り除くことにある。とりわけ、ベルクソンの意図は、哲学が性急な解釈に向かわないよう警告することにある。この性急な解釈は、人間の歴史を、時間の線に沿った、意識の「単なる流れ」と同一視するのであるが、時間の線はあらかじめたどられ、「永遠のうちに一挙に与えられる[126]」とみなされる。そして、このことにより、自由は取り消されるのである……。

(b) 哲学を救うためには、少なくとも二つの同時性の形式を、明瞭に区別することが肝要である。——いつものように、二つの形式は等価ではなく、ただ「直観的同時性」のみが同時性の名に値することが、やがてわかる。

ごく普通に経験される同時性の性格とはどういったものか。この同時性が、知覚のスナップショットのように、直截にかつおのずから、生きられてある限り、この同時性は「直観的である」と言える。この同時性が、例えば二つの時計の同時性のように、数学的規約あるいは人工的規則に依存するのでない限り、この同時性は「絶対的である」と言える。

アインシュタインの研究する同時性の性格とはどういったものか。この同時性が、誰によっても現実に体験されない限り、この同時性は「虚構的である」と言える。この同時性のすべてが、ある系から別の系へと移るに応じて同時性を変質させる、特殊な技術的装置の構築にかかっている限り、この同時性は「相対的である」と言われる。

実際、同時性を計測するか、あるいは反対に、二つの出来事の継起を確立するためには、物理学者は意識が直接与える何ものかだけで満足するわけにはゆかない。物理学者は、自然のうちにあるがままに与えられるのとは異なる経験を、文字どおり発明するのである。つまり、バシュラールの言うであろうように、物理学者は「現象工学[127]」を行使するのである。その際、物理学者は、信号は行きと帰りで同じ軌跡を描くという「仮説に立ち」、信号のやりとりによって二つの時計を互いに調整するのであり、これによってひとつの装置を製作するのである。ベルクソンは強調する。これはひとつの「仮説」なのであると。ところで、仮説が確証されるのは、不動の系（S）に身を置く観察者が、実際にひとつの同時性を知覚する場合、つまり、この観察者が、二つの出来事は同じ時刻に起きたと確かに言える場合のみである。この不動の系との関係において運動しているもうひとつの系（S'）に居る第二の観察者を想定するならば、この観察者が自分を基準とし、自分が不動であると仮定して、もうひとつの系が運動の状態にあるとすること、また、系（S'）の観察者にとって、隣接する系（S）の二つの時計の間での信号は、行きと帰りで同じ軌跡を描かないことは、すぐさま容易に理解される。系（S'）の観察者は、系（S）の観察者が同時性を知覚するところでは、必ず継起を知覚する。ここから、絶対的な同時性というものは存在せず、同時性はどういう「観点」に身を置くかに依存すると結論するまではあと一歩でしかない。物理学はこの一歩を無造作に飛び越えるし、さらには、ベルクソンが思い起こさせるように、物理学にはそうする権利がある。逆に物理学が極限まで移行して、可能な時間計測が多数あることからの必然的帰結は、単一の時間を基準とすること自体の否定である、と考える権利はない。さらに指摘できることだが、アインシュタインはきわめて慎重に、次のように述べるにとどめたのである。「それぞれの座標系には固有の時間がある。つまり時間の標示は、時間計測のために用いられるところの、比較される系が標示されて、初めて意味を持つ」。つまり、時間計測のためなのである。ベルクソンから見て、すぐれて哲学的問題であるのは、まさにそこである。計測しえない「実在する」時間は問題にしようがない。アインシュタインも逆のことを言いはしない。「個人にとって、私的時間、あるいは主観的時間が現実に存在し、この時間は計測されえない」。だがまた、アインシュタインが語ろうとするのは、この私的、主観的な時間についてではないのも確かである。アインシュタインが自説に基づいて引き合いに出す諸々の実験・経験が、どこか人工的であるばかりでなく、不条理ですらある点はほとんど疑いようがない。これらの実験・経験は、「想像上のもの」であるとベルクソンは言う。実際、「現実」のうちに、快速で進む列車の屋根に乗って曲芸を演じながら、鏡を持って二つの閃光の間で時間を尋ねる人にはまずお目にかからない。これは科学的な超現実主義であって、詩が演ずるピルエットをそれほどうらやむまでもなかったし、また、超合理主義的投企の称賛者を魅了することもできたのである。

だがベルクソンはこの点について、もっと歯がゆい態度をとる。規約に基づく数学的「実在性」を認めないとすれば、物理学者の時間は実在しえない。ベルクソンは言う。「実在的実在性とは、知覚される実在性、知覚されうるであろう実在性である(128)」。したがって具体的持続の哲学者は、科学者が語る同時性が借り物の名しか持たないことを確立することになる。なぜかといえば、科学者の語る同時性は、直観的な同時性から、現実の経験の諸要素を実際に借用するのであり、あくまで「同時性」と呼ばれ続けるところの、生きられる心理的実在性を、「虚構」のうちに移し換えるからである。この混合態の起源は二重である。

——一方では、自然な同時性を基準とせずに、学問的な同時性を定義することはできない。「アインシュタインは必然的にこのことを認める。というのは、自然な同時性によって、アインシュタインは出来事の時刻を書き留めるのであるから(129)」。相対的同時性の計測を可能にするあらゆる装置は、少なくとも潜勢的なものとして、絶対的同時性の現実存在を前提する。「もしもこの絶対的同時性が現実に存在しないとすれば、時計は何の役にも立たないことだろう。時計が製作されることはないであろうし、少なくとも、時計を買おうという者は誰もないであろう。というのは、今何時であるかを知るために、時計は買われるのである。今何時であるかを知るということは、ひとつの時計の標示と別の時計の標示との対応ではなしに、ひとつの時計の標示と、人が身を置く瞬間、起こっている出来事、結局のところ時計の標示ではない何らかのものとの対応を、確認するということだからである[130]」。したがって同時性の語をとどめるとしても、それは右に述べた事柄を前提しておくためでしかない。

——他方、不動の系のうちでは、「学問的同時性」が「直観的同時性」と対応することが判明する。この場合に信号は、行きと帰りで、たしかに同じ軌跡を描くのである。古典物理学において、このことは何の困難も生み出さない。ただ一人の観察者を与え、この観察者の占める位置を特権的なものとするからである。だが現代物理学においては、「特権的な系は存在しない」のであり、それゆえ相対性は必然的に両面的である。ベルクソンは何度も繰り返し指摘するのであるが、観察者たちは相互に交換可能であり、座標系を変えることは可能である。あらゆる時間計測は、したがって相対的である。しかしそうだとしても、どの計測も「正しい[131]」のである。とはいえ、どの計測も、真の自然な同時性を見積もることはない。とすれば、おそらく、言葉を変えたほうがましである。「これらの同時性は、瞬間性なのである。ということは、これらの同時性が、実在する時間の本性にあずかることはないのである。つまりこれらの同時性は持続しないのである。これは精神の単なる諸観点であり、これらの観点が、意識の持続と実在する運動に、潜勢的な停止によって目印をつけるのであって、そのために、空間から時間へ持ち込まれた数学的点を用いるのである」[132]。

ここには、科学は空間のうちでしか働かないという、ベルクソンのライトモチーフが認められる。科学は運動を一連の不動な点で再構成するのであり、要するに、科学は映画を撮るのである。いかに天才的であろうとも、アインシュタインはやはりエレアのゼノンの弟子である……。

(c) したがって、問題となるのはベルクソンの時間についての理解ではなく、空間についての理解だということを、明晰な形で確立しなくてはならない。すでに見たとおり、アインシュタインは、物理学者にとっての時間が、心理学者にとっての時間ではないという点について、すすんでベルクソンに同意する。だが、物理学者の時間は心理学者の時間である必要がないのである。おのずと生ずる経験と、科学的認識との間には、バシュラールの言葉を信ずるならば、連続性の溝があるであろう。とすれば、相対性理論と、常識的信念の折り合いをつけることは、根本的に重要ではなかったのである。この論争によって刺激されたかもしれないありきたりの言葉や間の悪い言葉の大洋にあって、燦然と光射す知性の小島のような、メルロ＝ポンティの非常に繊細かつ直観的な指摘にもかかわらず、ベルクソンがきわめて無作法に差し伸べた救いの手を、アインシュタインが摑まなかったからといって、われわれにはこのことが怪しからぬことだとは思われないのである[133]。

逆に、アインシュタインが哲学者の論証のステップを真剣に検討することは、本当の意味では一度もなかったことは悲劇的に見えるかもしれない。おそらく、アインシュタインには、そうすることができなかったのである。ベルクソンは、十分に根拠のしっかりした科学的情報を手にして、科学者の論証のステップを理解してゆく。加えて、ベルクソンには、一般相対性理論のうちへさらに分け入るには、数学的な専門的能力が必要であるが、自分にはそれが欠けているとみなし、特殊相対性理論の本質を捉えて満足するといった慎ましさがある。反対に、アインシュタインには、ベルクソンの論証のステップが理解できるようになるための哲学的な素養があったろうか。いずれにしても、アインシュタインに慎みはない。ベルクソンの指摘に答えて、アインシュタインは断固として激しく、「哲学者たちにとっての時間などというものはない」と述べるのである[134]。哲学者たちの時間についてアインシュタインが何を知っているというのか。この際、型どおりの言葉は、論争を閉ざす、というよりむしろ、あらゆる論争を避ける結果しか生まない。というのは、相手の言うことを黙殺するのが「討議」でないとすれば、フランス哲学会におけるベルクソンとアインシュタインとの間に、何らかの「討議」が存在したことは一度もないからである。ジャン・ベックレルとアンドレ・メッツへの敬意は払うとしても、彼らの論述を、決して行われることのなかった華やかな会談の代わりとみなすことは、どうしてもできないであろう。「会見」について語るのが正当だとする他ない。というのは、まさにベルクソンがこのことを承知していたからであり、ベルクソンは一時的に、自身の著作の再刊を棚上げとすることを決意したからである。とはいえベルクソンはこの著作に、最小限の手直しすら施すことは決してなかった。ただ、いくつかの補遺が元のテクストを解明し、補完するのみである。一九三四年、ベルクソンは自身の試論に含まれる諸命題を要約し、これらの命題が正しく理解されてこなかったことを確認するにとどめる。ベルクソンはこれらの命題を訂正することはまったくない。自らに対して、ベルクソンは動ずることがない。だが目の前の対話の相手が誤解にはまり込むだろうとベルクソンが判断したとすると、このとき沈黙に踏みとどまるより他に、尊厳と礼儀に適ったことがあるだろうか。

それでもやはり、二十世紀最高の哲学者と科学者との対話は、『持続と同時性』という華麗なる「虚構」の様態のもとでのみ、行われることになるであろう。よく目を凝らし、「読み飛ばし」はしないでいただきたい。『持続と同時性』においては、哲学者の「観点」と科学者の「観点」相互の意見交換が築き上げられているのであり、その際ベルクソンは、交互にそれぞれの役割を演ずるのである。

その際、「時間」という知見が幅をきかせすぎているだろうか。「時間」にとどまる限り、哲学者は常に物理学者よりも、豊かで深い見方をするよう持ちかける。ベルクソンの持続は常に、アインシュタインの同時性よりも多くの要素を介入させるであろう。経験の領野で、記憶力を統合し直せば、ベルクソンの持続は、聞き取り切れないほど多くの反響と見切れないほど多くの形象を呼び覚ます。これと比べればなるほど、方程式が貧相に見えることもありうる。

いや、ベルクソンの議論に揺さぶりをかけることを可能にするのは、時間ではない。空間についての、単純すぎるベルクソンの理解である。内へ向くのと外へ向くのとで、バランスは等しくない。持続は、空間のうちに、自らの表象、自らの隠喩しか見出さないほどに濃密である。とすれば、空間の特殊な次元でしかない時間を、どうして「実在する」と呼べるであろうか。ベルクソンは不可避的にこちらの時間を、「虚構」へ追いやることになる。この虚構はたしかに役には立つのだが、実践向きであれば、非実在的でなくなるわけではないのである。

ベルクソンの展望においては、空間が時間と平等なものとみなされることは一度もない。ベルクソンは哲学者たち、とりわけカントを、時空の平等性を確立したことにおいて非難しさえする。内在性と外在性の弁証法における二項の間で、ベルクソンは特権化された観点、根本的な肯定性＝実証性を設けるのである。つまり、内在性は深い実在性であり、外在性は内在性という実在性の翻訳でしかなく、そればかりか大概の場合には内在性の歪曲でしかない、というふうに。持続が反対方向から、延長の摂取として定義できるのではないか、つまり時間とは、空間がわれわれの意識へと現れるときに纏う様相にすぎないのではないか、要するに、ベルクソンが絶えず二つの知見の間に打ち立てるところの、良かれ悪しかれ、いつでも単一方向のものでしかない関係について、二つの項を入れ替えることはできないか。このことをベルクソンは問題にしない。あふれ出る、特異で精神的な流れについての親密な直観が、われわれを導いて、意識を「流れ」に譬えさせるのであろうか、それとも、河を知覚するからこそ、われわれはそこから示唆されて、動く連続性を考えるようになるのか。主体と客体が分かたれない宇宙的な観照の極限においては、どちらが本来の意味でどちらが比喩的な意味であるかを、指摘できる者などあるのか。類比が流れてゆく方向を誰が知ろう(135)。

空間を、またいっそう広い仕方では物質を、持続の隠喩、あるいは躍動の落下物にすぎないところまで還元することにより、ベルクソンは自分が哲学の側に立って、一つの物理学との間に距離を置くということを明示できたにすぎない。この物理学にとっては、あらゆる次元が関係のシステムであり、またこの物理学にとっては、どんな観点も特権化されることはない。だから、絶対のうちに与えられるという仕方で「実在的」空間が存在しないのと同様、「実在的」時間も存在しない。ただ、互いに異なるタイプの実在性があるだけである。数学には数学の実在性がある。知性的な秩序に属する「実在性」が、感性的な秩序に属する「実在性」よりも受け入れがたいわけではない。

反対に、「生きられる」とされる時間と空間にも、関係の網の目や表象の様態がある。たしかに、たとえアインシュタインの物理学であろうと、なお物理学であるものがわれわれに提案する時間の表象の仕方に、持続の経験を還元することはできないと指摘するのはまったくもって正当である。この点に異論を挟む者があろうか。時間の計測は時間の本質を汲み尽くしえないだろう。だが、ベルクソンが、空間の計測が「空間の本質を汲み尽くす」と認めるのは誤りである(136)。延長の経験と、空間の計測は、持続の経験と時間の計測が異なるのと、少なくとも同じ程度には異なる。二つの項のうちどちらを特権化してもならない、この本質的な弁証法を「欠いて」いたがために、ベルクソンは、哲学者と科学者との間に豊かな対話を確立しようと努めたにもかかわらず、相対性理論について文句なしに十全な解釈を提示するにはいたらないのである。解説者たちは、誤謬について誤っているのである。ベルクソンは、問題のうちに与えられているものを提示するにあたって、何の「科学的」誤謬も犯さない。彼の誤謬はもっと重症である。つまり誤謬は哲学的なのである。ベルクソンは空間の概念を真に思考するにはいたらない。ベルクソンは空間の概念の四肢を切断し、縮小し、凝結させる。そうすることによって自ら、空間に最小限の流動性すら持ち込むことを禁ずる結果となる。このことをベルクソンは見落としているのである。だが、延長する物体の運動を伴わない延長は存在しない。カントはこの点について、おそらくライプニッツの教訓をずっとよく理解していた。ベルクソンは空間を定義するにあたり、まずは生きられる心理的経験への生きた関係を、空間から全面的に剥奪する。そうしておけば、時間についての生きた経験の豊かさと深さを空間と対立させることが、ベルクソンにとって容易になる。とすれば、議論を呼ぶのは、ベルクソンが時間について行う観察の数々ではなく、空間についての公準なのである。さらに、ベルクソンが生きられる何らかの心理的「実在性」を参照することを擁護し、特権化しようとするとしても、ベルクソンが空間を混入しない時間を持ち出すとき、一般的な経験に忠実であるかどうかは定かでない。われわれの間ではどんな場合でも、雑種の混合物、不可分な混雑物が、われわれの意識的な生の横糸を形作るのである。空間に投影されない純粋持続についての思考、概念へと弁証法的に展開しない純粋直観についての思考は、純粋な抽象作用である。この抽象作用の成果の豊かさについて異論はないが、成果が豊かだからといって、この抽象作用をひとつの経験と同一視することが正しいわけではない。体験できないことについて、思考することは十分にできる。ベルクソンは、科学が一個の観念論でしかありえないことを確立したかったのか。それはそれでよい。だが哲学は別なのだろうか。存在について、その「実在性」のすべてを握っているという主張は、いったい誰のものでありうるのか。もしこれがアインシュタインの主張であったとすれば、アインシュタインはすぐれた物理学ではなく「劣悪な形而上学」を作り上げたことになる。相対性理論の限界について思考をこらし、何らかの形で解釈の筋道を踏み外すとどんな危険があるかについて思考をこらすとき、ベルクソンはおそらく、自分の払い落とそうとするものが、どの程度まで自分自身をも誘惑するかを見落としている……。

　バシュラールは、アインシュタインから、一挙に「素朴実在論」の容疑を洗い落とすのであり、おそらくはだからこそ、一つの立場を「第二の地位の合理主義」と呼び、あるいはさらに、「最終の合理主義、分化の合理主義、弁証法的合理主義(137)」と呼んで、この立場をあらん限りの情熱をこめて解説するのである。合理主義もここまでくると、「実在性」という概念に言及することを拒まないとしても、実在性への関係が別の仕方で定義されるよう求める。この合理主義によって、どんな実在性も絶対的性格を持たないと指摘することが可能になるばかりではなく、次の二重の誤謬を正すことも可能になる。つまり、通常の知覚のア・ポステリオリなところに空間の発生を委ねる誤謬、および、感性的直観のア・プリオリなところに空間の発生を委ねる誤謬である。二重の誤謬はさらに重層化する。というのは、同じ批判を時間の観念の発生にも適用できるからである。知覚の実在論に代えて、直観の実在論を置くこと、またはその逆のことによって、われわれは大雑把な経験主義の外へ出ることはできないであろう。というのは、いずれの場合にも、検証の道具がないからである。アインシュタインの理論は反対に、ひとつの実験装置を支えとするのであり、この実験装置によって、空間については位置を、時間については同時性を、多数化することが可能となり、また状況ごとに得られた尺度を互いに精確に比較することが可能となるのである。ある意味で、内的および外的感性の一般的枠組みの代わりに、ケーススタディを据えるのでなくてはならない。つまり、実際に実験＝経験される個別性から出発するのでなくてはならない。とすると、いわゆる「与えられた」実在性に満足することはできない。実在とは、作るべきものである。実在は構築を基礎とする。実在は論証を要請するのである。

ところで、この実験装置からの帰結は、素朴実在論と偏狭な合理主義から見る場合にのみ、逆説的である。客観的世界の広がりに、また観察者の特殊な直観に、絶対的性格を認めないことが、要するに知の精髄なのである。実際、アインシュタインによって要請される知性の「変化」ほどに、合理的なものがあるだろうか。というのは、この「変化は」常識を錯覚から解放するし、それによって反対に、常識は真に現実的な仕方で再び宇宙に定住することになり、つまりは、時間的構造と空間的構造との連動を取り戻せるようになるからである。とすれば、科学の行う抽象作用が、「具体的」と言われうる実在性を損ない、縮小することにはならない。その逆である。時空の複合は、諸経験の少なくとも二つのタイプの、たがいに不可分な性質を強調するのであって、実際、空間と時間を分離する分析よりもはるかに「具体的」である。時空を分離する分析は、まだ古典力学に近く、古典力学にとってはなお役立つ。しかし、この分析はひとつの位相にすぎず、この位相は物理学の新たな局面によって吸収されるがゆえに凌駕されるのである。

したがって、相対性理論の哲学的解釈を提案しようというのであれば、鎖の両端、つまり数学的な一貫性と、実験装置を握っておかねばならない。このことは、合理主義と経験主義の矯正、両者の将来的展望、両者の有益な調停を前提とする。「すべてが思惟のうちで空虚になり、すべてが経験のうちで不明晰になるであろう。もしも、相対性理論が働く領域で、学識深い合理主義と、念入りな実在論との綜合が受け入れられないとすれば」。

以上から、ベルクソンが対立関係を強調するあらゆるところで、バシュラールは共犯関係を暴露するのだと結論できるだろう。物質と躍動との関係、実体とエネルギーとの関係が問われる場合にも、同じ論証をせねばならないだろう。ここには同じ図式が見出されるはずである。ベルクソンが分かつところで、バシュラールは集める。だが、ベルクソンがより良く統合するためにのみ区別し、バシュラールがより良く区別したうえでしか再統合しないということが見出される限りにおいては、彼らの哲学的地平が同じ光によって冴えわたることはありうるだろう。

三　不断なるものの蜃気楼

「歩みではなく停止が、説明を要求するのである」とベルクソンは言う。「事物とは停止した現象である」とバシュラールは言う。ところで、権利上、またそれ自体として、なにものも終わってはならないだろう。持続は「断えざる流れ」として、あるいはさらに「予測できない新しさの絶えざる連続性」として定義され、いつでも終わりそうでありながら決して終わらないはずのメロディーに譬えられる。

ベルクソンの哲学は多くの場合、否定的なものに属し、またそれゆえ決定的なものに属する、空隙や間隙や裂け目の拒絶という様相を示す。この観点から見ると、認識するということは、終わりの知れない流動性に没入するということである。躍動とは、胚から胚へと、より高い創造を目指して生命を運ぶ推進力であるが、頂点はどこなのか。直観は精神の迷宮における「アリアドネの糸」であるが、直観がどこへ行くのかを知るものはない。意識にはその彼岸がありうるが、われわれの探求が意識の彼岸に触れられないわけではないと仮定される。しかしこの彼岸に限界を設けることは誰に可能なのか。進化はというと、これは終えられることがないし、創造は仕上げられることがなく、いまだに「産みの苦しみ」に呻吟している。

停止させるということは、凝固させるということである。定まった形としてここに想定される限界は、死の姿である。固い輪郭との対立において、直観とはひとつの定かならぬ縁どりなのであるが、それは真に本能の縁ではないし真に知性の縁でもなく、逃げ去る思考、あるいは『試論』が言うように、「流星」なのである。哲学はさまざまの縁に記されるのであり、周辺部を攪乱し、境界線を擦り消す。輪郭、枠組み、境界づけは、いつでも人造であり、製作の産物である。規定することは、否定するよりはむしろ、縮小し損傷することである。記述し、規定し、境界づける行為は、生きた実在性に対応するのではなく、表象の体系に対応するのである。ベルクソンの方法とは、まずはこれらの体系の妥当性を問うことである。空間における等質的な諸表象が、常に適切であるとベルクソンがみなすのは、物質は無限に分割可能であり、それゆえ、分割を本分とする悟性、『創造的進化』が「知性」と呼ぶ悟性そのもののうちには、物質のこだまが自ずと生ずることに気づくからである。われわれはときに、諸々の種類の象徴とイメージを気をつけて区別してきた。これらの象徴は、「観点」あるいは潜勢的な限界にすぎない。アインシュタインの物理学は、たとえ観点を多数にするとしても、象徴的形象化と映画的錯覚の外へとわれわれを連れ出すことはない。この点については既に見たとおりである。あらゆる表象は停止の時を際立たせる。知覚は、可能な多数の観点のうちから、ひとつの観点を選ぶ。事物とは、無限に逃れ去る蜃気楼である。メルロ゠ポンティもキュビストたちも、視野の攪乱を行いながらこのことを思い出すであろう。同様に、思考することは、客体の運動性について、複数の可能な観点を持ち、これらの観点を言語によって復元することである。概念はそれぞれ、ひとつの観点を特権化する。だが、あらゆる観点に優劣がないか、それともあれやこれやの概念が他に優越しなくてはならないかを、どうやって知るのか。ベルクソンがシェリングやフィヒテ、ヘーゲルを、直観の哲学とみなすことを拒む理由のひとつがこれである。彼らはひとつの概念を特権化し、この概念のまわりに、概念の星座を築き上げるのであり、麗しくまた学問的であっても、石と同じく冷たい建築物、つまり諸々の死んだ体系を創造することになる。表象のためのあらゆる図式の手本は、運動を一連の休止によって再構成しようとする意志あるいは必然性のうちにある。だからこそベルクソンは、エレアのゼノンを、ヴァレリーが『海の墓場』で思い起こさせる壮麗な蜃気楼の専門家とするのである。「ああ太陽は……魂にとっては、なんという／亀の影か、大股で走って不動のアキレスは」(138)。だが同じ理由で、ベルクソンがゼノンのうちに見なかったのは、ヘーゲルが見ようとしたような緻密な弁証家、あるいは、ヘーゲルにしたがえばわれわれがそう見たくなるような、ユーモアに満ちた愉快で快活な人、あるいは巧みなソフィストである。この意味でのゼノンは、アキレスが亀に追いつくことなど百も承知だが、一種の帰謬推理によって、運動が現実には存在しない、ということをではなく、立て方が間違っているので問題が解決されない、ということを指摘しようとするのであり、要するにベルクソン的なゼノンなのである。ベルクソンはアリストテレスの見解に従うので、こうしたゼノンを認めることはなかった。

流動性を、点の無際限な加算によって再構成しようとすれば、たちまち反復を余儀なくされるであろう。というのは、目的に到達することはできないので、作業を絶えず再開しなくてはならないからである。この象徴的表象の蜃気楼から抜け出そうとすれば、解決はひとつしかない。静止が運動に先立ち、不動性が運動性よりも明晰であると信ずるのを諦めることである。一挙に運動を手に入れるのである。これは民族自決の行為、自律の行為そのものである。虚無を信じるべきではないのは、虚無について十全な表象を得ることができないからではなく、各人が存在を与えられているからであり、つまり、少なくとも自らについて、なにものでもないものではなく、「なにものか」として、自己反省するからである。

定義からして幾何学的な諸々の表象の体系が、生命の秩序によって呼び出されるところに逆説がある。とはいえ、静止させるということは、歪曲するということであり、破壊すること、殺すことである。あらゆる静止は、死の静止である。例えば、ひとつの言葉に立ち止まってしまい、言葉を貫いて文の意味を理解するにはいたらなければ、知性的な盲目を余儀なくされる。意識が自らの躍動に従わねばならなかったはずなのに、あふれ出る意識の流れを止めれば、偽りの再認の病理学に溺れることになる。好戦的な社会のさまざまな障壁にぶつかって、生命の躍動が止まると、それによって種が退化することになる、等々。

とすれば、どんな認識の理論も、少なくとも瞬間的な、生命的な運動の停止を前提とする。あらゆる表象は留保である。ここで留保というのは、判断の留保ではなく、意識そのものの留保である。判断は自らを留保しない。より遠くまで進むはずの運動を留保し、停止させるのが判断である。判断するということは、意識の創造的な噴出にとっての枷となる諸々の限界のうちに、意識を投獄し、閉じ込めることである。直観は知性主義からの解放を果たすが、それは直観が留保せず、閉じ込めもしないからである。直観は逆に、思いもかけなかった地平、突拍子もない方法、一度も口にされたことのない言葉へ向かう意識の歩を妨げる障害物を粉砕する。とすれば、ベルクソンが知性を意識の「狭窄」として定義し、また直観を意識の拡張、炸裂として定義する理由が理解できる。また同じく、分散させ、かつ自身が分散するのが知性であり、集中させ、かつ自身が集中するのが直観である理由も理解できるのである。

　停止はここでは、外的な障害の介入によって産出されるのではない。この点が、例えばエピクロスの自然学における停止とは異なる。エピクロスの自然学においては、ひとつの原子は別の原子と接触することによって減速するのであるが、原子それ自体としては無限の速度を授けられており、これと近似的なイメージを見出すとすれば、それは光速の他にはない。とはいえ、この観点からは、運動性が絶対的に根本的で、最重要であることに反論する余地はない。諸々の原子は、決して休止することはなく、それ自身によって《スポンテ・スア》、永遠に自らを動かすのである。だが、接触と衝突は、反発と跳躍を創り出し、これによって最初の運動の速度と方向は絶えず変化する。最初の運動は、空間においても時間においても、定義上不確定である。エピクロスの思想において空間と時間は分離不可能なのである。この原子論における、無限で空虚な大いなる「全体」が、どの点において決定的に非ユークリッド的であり、非アリストテレス的であったかをいくら指摘しても、それで十分ということは決してない。それだけではない。その頃は直観の閃きが、どんな学問的装置の基礎となることもなかったのに、『ヘロドトスへの手紙』の第六〇節は、直観の閃きによって、あらゆる空間知覚の相対性の原理を示唆する。あらゆる尺度は、観察者の位置に応じてのみ可能となるから、というのである。ところで、無限で空虚な大いなる全体においては、いかなる位置も特権化されえない。たとえば高低も左右もない。運動はそれゆえ、いかなる方向へでも生じうるが、運動の速度は必然的に一定である。この現象が実在的だと考えることはできるが、この現象を見ることはできない。だが、見えないということは無いということではない。可視的で、知覚可能な世界は、接触と混合によって始まる。とすればベルクソンが、エピクロスの思想を大雑把な機械論へと追いやるのは誤りである。バシュラールですら、エピクロスの思想を元素の哲学として定義することに夢中になっているのであるが、まったく逆にこの思想は、諸原子の形態、位置、関係がなければ、なにごとも知りえず、感じられもしないことを、はっきりと示すひとつの体系なのである[139]。すべては運動の網の目によって説明される。真のエピクロスの思想とは、力動論なのである。ただ、この文脈において、自律的な運動に影響を及ぼしうるのは、やはり外的な運動体の介入だけである。

　こうしたことは、ベルクソンにおいてはまったくない。停止がなされるのは、運動がおのずと逆転し、過程がそれ自体に巻きつき、方向、傾向、躍動が、ある意味で迂回あるいは倒錯することによってである。この現象は『創造的進化』において、中断‐反転という二重語のもとで記述される。ベルクソンはこのたぐいの二重語やひとくくりになった語を濫用することはないのであり、彼がこうした現象を単一の概念で捉えようとする理由を理解することは、たしかに重要である。ベルクソン自身の証言によると、中断と反転という二つの語は同義として理解されねばならないのであり、いずれにしても、絶対に分離不可能でなくてはならない。停止するとは逆転するということである。逆転するとは停止するということである。ところで、あらゆる投影は、必然的にひとつの転倒をもたらす。空間は写真のメカニズムを創り出し、それゆえ、語のあらゆる意味において、「クリシェ」〔ネガ／紋切り型〕しか産出することはない。なるほど、先にわれわれが素描してみせた弁証法を頼りに、空間という観念を生じさせるのは視覚のメカニズムの方ではないかと問うことはできる。ここでもベルクソンは、見かけの矛盾を提示するだけである。つまり、ベルクソンは単一方向にしか過程を記述しない。このことによって、図式は、単純であればあるほど明断だということになる。精神の弛緩が物質を、つまり、散漫に散らばった物体を産出する。直観の弛緩が、概念を、つまり、目がくらむほどに限りなく多数化する分析をもたらす。絶えざるものの蜃気楼である。たとえば物理的なものは倒錯した心理的なものであり、宇宙論は裏返しになった心理学である。いずれにしても、延長は転倒する持続であると、あるいは、もっと広げて言えば、幾何学的秩序は生命的秩序の中断－反転であると言うことができるからである。この図式の適用が『二源泉』にも見出されるだろう。つまり、静的宗教は動的宗教の中断－反転であり、寡頭政治は民主政治の中断－反転であると。そして、生の中断反転が死であるとすれば、詩人とともに、なにかにつけて「ここに永遠眠る」と言わねばならない。

それならば、死へといたる過程に歯止めをかけるには、反転を反転させ、中断を中断するしか手段がない。とすれば、学説のレヴェルに、方法のライトモチーフが見出されるのである。つまり「坂を遡ること」、「流れに逆らって」歩むことである。ベルクソンはこの任務を哲学に課すのであるが、それは哲学が、自らの直観を神秘主義に接するところまで「拡張する」限りにおいてである。躍動の反転を反転すること、それは、躍動の源泉を再び見出し、「神的なものの方向性」へと身を置きなおすことである。神は世界の写真を撮りはしない。神は世界を産み出し、世界に霊感を与え、おそらくは、世界と寄り添うのである。神は原則的に、世界を遠ざけておくことができない。愛は聖体拝領を必然的に伴い、またもし人類が「神的である」にふさわしく造られているのであれば、まったく、人類はクリシェを選ぶことなど止めなくてはならないのである。ベルクソンが自らの展望をその最後まで進むならば、「見ること」のひとつである――とはいえ反転した「見ること」なのであるが――直観を称賛するよりむしろ、見ないことを称賛せねばならないはずである。そうすれば、ベルクソンは、否定神学の深みへと分け入ることができるとともに、リーマン幾何学の深みへと分け入ることができるであろうし、表象不可能なものの形而上学を考えることができるであろう。こうして、プロティノスを扱うときのあらゆる不具合、アインシュタインについてのあらゆる誤解が解消されるであろう。

　とすれば、ベルクソン哲学を「底知れないもの」の哲学とするとき、バシュラールは誤っていたかもしれない。ベルクソンの経験主義は、すべてを測深するつもりであり、そこには神的なものも含まれる。「誰かが見た。誰かが触れた。誰かが知っている」。限界を廃止するどころか、神はこのときぎりぎりの《限界》となり、体系は再び自身を閉ざす。人間的な、あまりに人間的な……。

　バシュラールは、救いをもたらす開放、とりわけ「合理主義の開放」を実際に行うという任務を、哲学よりもむしろ科学に課す。認めておく必要があるが、バシュラールが哲学と呼ぶのは、大概の場合には科学についての反省、ひとつの科学哲学《エピステモロジー》にすぎない。あるいは、バシュラールの仕事の別の側面に即して言えば、詩についての瞑想、ひとつの美学にすぎない。だがバシュラールの著述のうちに、新たな哲学の学説が準備されるのを見ることはない。バシュラールは、むしろ諸々の方法の発生、進化、目的性についての研究に、自らを捧げる。他方で、非デカルト的、非カント的、さらには非ベルクソン的と自らを規定するだけでは、バシュラール的であるためには十分ではない。また否定的であるかぎり、折衷主義はやはり折衷主義にとどまる。ここで折衷主義という語を、侮蔑的な意味に理解することはできない。科学についての博識、文学についての博識は、知を構成する上で強固な支柱の役割を果たすことができる。今日の超合理主義は昨日の人文主義に対して、アインシュタインの物理学がニュートンの力学に対するのと同じ関係、つまり包括しつつ乗り越える関係にあることをよく考慮しようとすれば、二十世紀の夜明けにあってルネサンスの最盛期を思い出すのは何ら時代錯誤ではない。

最後に、そしてとりわけ、「炸裂し」、「分散する」哲学、という考え方を擁護しようとすれば、いくつかの伝統的な哲学的表現法、つまり、《大全》や《序説》や《論考》が放棄されることになる。すると単一の観点からする体系化がどれほど綜合的であっても、こうした体系化ではなく、複数の展望の間の対話のほうが選ばれることになる。バシュラールにとって哲学とは、ひとつの学問分野であるというよりも、本質的にはあらゆる学問分野を遠近法として展開することではないかと問うことすらできる。

確かなことだが、バシュラールにとって、一個の哲学が科学史と科学哲学的反省を経由せずに済むなどという可能性は考えることができなかった。歴史的にして方法論的、という形で二重になった、この苦行の厳格さがなければ、われわれのいわゆる複数の直観は、儚い戯言でしかないだろう。とはいえ、バシュラールの観点に含みを持たせる、あるいはこう言ってよければ、彼の観点を弁証法的に展開することは必要かもしれない。哲学は、科学に牽引されるどころか、ときに科学に先行する。ベルクソンは例えば、いくつかの直観に由来するあるイメージは、科学者の反省を促し、科学者を新たな探求へと赴かせる問題の目じるしになると認める。ベルクソンが二つの学問分野に見ていたのは、両者の主従関係ではなく、むしろ両者それぞれが互いに他を活気づけ、他によって活気づけられる、相補的な協働の関係である。バシュラールも同じく、諸科学の君主としての哲学という伝承を放棄する。だがバシュラールはこの伝承を、反対の行き過ぎで置き換えるのであり、哲学を合理主義の侍女にするのであって、この合理主義は、超合理主義であろうとすればそれだけ、やはり「科学主義」すれすれのところまで行くことがある。「二分法と二重の熱狂化」である。幸い、詩的なフラップが倫理的な大空のところどこに開いて、論争的理性の蜃気楼にすぎないかもしれないものを補正することになる。

諸々の偉大な哲学的直観が、自らを偉大な哲学的直観として表明するために、必ずしも科学および技術の進歩を必要とするわけではない。偉大な哲学的直観は単に、さまざまな他のものを手段として、自らを表明するだけである。今日の諸々の偉大な綜合にとっては、科学的認識から得られるものと、科学的認識が近年遂げた変容を利用することが本質的であるとしても、このことをもとに、哲学は慎ましく諸科学の歴史の後を追ってきたのであり、また後を追ってゆかねばならないと結論することなどできない。エピクロスは、物体が真空中では等速度で運動すると主張するために、回顧的には確かに「現象工学」と呼ばれうるニュートンの管を必要としなかったし、宇宙で最も速いものとしての光速を定数とするにあたって、マイケルソンの実験を必要ともしなかった。

このことから、われわれには夢みる権利が与えられる……。

他方、あらゆる科学は、程度の差はあれ自認された形而上学を根拠とする。また科学はこのことを自認するほうがよいだろう。ライプニッツは形而上学的原理の光の下で微積分学を発見したと主張した。輝く神秘的な夜の祭壇に計算機を奉げるパスカルについては何を言うべきか。

諸科学を知れば、そして何か科学を実践まですればなおのこと、二十世紀において哲学者であろうとする者は重大な切り札を手にすることになる。だが、(1)科学を知り、実践するだけでは、この者を哲学者にするには十分ではないし、(2)この者がまずは哲学者であるのでなければ、科学を知り、実践することは彼にとって役立たない。ベルクソンはバシュラールより、哲学的直観の特殊性について慎重だった。ベルクソンは他方、科学の全体を一望の下に包括することは、一人きりの哲学者にとっては不可能になったと指摘している。デカルトやライプニッツにとっては可能であったことが、今日では可能ではなくなっている。分岐した専門と分散した実験領域を、一つの同じ学説のうちで統御することは、もはやできないからである。ベルクソンはここに、われわれの時代に形而上学者が不在であることの理由の一つを見ており、今後は「共同作業において」哲学をしなければならないだろうという結論を、そこから引き出している。(140) バシュラールはこの点でベルクソンが正しいと認めており、現在においてもベルクソンが誤っているとは認められない。諸テクストを扱うすぐれた歴史家、良い科学哲学者、繊細な芸術批評家は数多く見出せるが、今日、偉大な哲学体系を世に出すのはなかなか容易ではない。これは単に、学問領域間の対話が優遇されるからではないし、ある種の修辞が見捨てられているから、あるいは見捨てられたことにされているからではない。そうではなく、哲学の学説を準備するには、ある形での例外的な反省的集中力が必要だからであり、こうした集中力の特殊性は、いかなる学問領域にも全面的に還元することができないからである。この集中力は、情報が正確かつ詳細であることを前提とし、科学における情報でも、芸術における情報でもそれは同じである。しかしこの集中力が科学や芸術に還元されることはありえないし、科学や芸術と必然的に一致することもありえない。この集中力の一般性は、別の秩序に属するのである。この一般性は、単にしかじかの知やしかじかの活動性の領域を包括するばかりではなく、知や活動性のさまざまなネットワーク、交錯、錯綜、交差を、あるいは逆方向から見れば、断層と排除を、包括するのである。こうした一般性の秩序において、バシュラールは大家となった。だがそうはいっても、バシュラールの「体系」は存在しない。それはそうである。そのようなことは厳密な意味で不可能なのである。というのも、バシュラールから見れば哲学は開いていることしかできないのであって、開かれた体系などというものはないからである。体系は常に閉じられている。[141] 体系とはおそらく科学的な装置のひとつなのであり、したがって科学的体系ならば存在する。だが哲学には対話しか存在しない。

逆に、ベルクソンの「体系」について語ることはできる。だがそれは、ベルクソン自身が、生きた自然な体系と、不活発な人工的体系との間に打ち立てた対立関係を忘れない限りにおいてである。生きた自然な諸体系は、この体系を取り巻く環境と関わることによってしか生きることはないのだから、常に開かれている。不活発な人工的体系は、閉じられたものとして製作されることになっているのだから、常に閉じられている。哲学は生きた自然な体系の側から眺め、科学は不活発な人工的体系の側から眺める。[142] われわれはここにも対になったイメージを見出す。だからといって、これは体系同士の戦争ではない。というのも、反対に哲学の本分は、体系相互の相補性を確立できるところにある。ベルクソンが生物の組織に言及すること、またベルクソンが物理学のモデルのかわりに、生まれつつあるの生物学のモデルを置く仕方からすれば、ベルクソンの形而上学《メタフィジーク》は「メタ生物学《ビオロジー》」と呼ばれるのが正しいとわれわれは述べることができた。[143] 誰もがみな、このことを繰り返してきたのであるから、われわれもこのことを繰り返そう。ただ、目下の研究の文脈では、次のことを付け加えたい。すなわち、諸々の観点についてひとつの革新、ひとつの変様があったのであり、バシュラールはベルクソンを大雑把な生気説へ追いやるのではなく、この変様と革新の多産性を評価すべきであったということである。この方法論的な転換は根本的である。ベルクソンは生物の模倣によって機械を定義しようとするのであり、機械的モデルを生物に適用しようとするのではまったくない。これはデカルトやド・ラ・メトリに対する中断－反転である。電子工学についての反省はどれも、今日、この転倒の巧妙さを考慮しようとしている。悪しき形而上学は科学を汚染するが、善き形而上学は科学を援用し、科学をさまざまに予感させることで、科学を強化するとわれわれが考えることは、以上のことからおそらく十分に正当化されるだろう。

哲学者は自身の生きる時代に追随しなくてもよい。時代に先行するのである。少なくともいつかどこかで預言的な語調を帯びることのないどんな哲学も哲学ではない。とすると、過去を位置づけ、現在を引き受けるだけでは十分ではなく、さらに未来を発明し、将来の思い出を予見するのでなくてはならない。

二つの別々な形式のもとで、ベルクソンの思想とバシュラールの思想は、「使命」などと大仰なことを言わないまでも、この約束を本質的なところで満たしてきた。ベルクソンは、過不足なく構築された、《論考》スタイルの簡素で美しい体系という、伝統的な形式を守る。こちらはわれわれにとって最後の形而上学者である。偉大な「古典的大家」である。バシュラールは渦巻く《試論》と学究的な《覚え書き》を量産する。こちらはわれわれにとって最初の科学哲学者である。偉大な「現代人」である。そして両者は互いに、偉大な同時代人である。とすれば、結論するに先立って、彼らに名高い定式を当てはめなくてはならないだろうか。すなわち、ベルクソンとともにひとつの世界が終わり、バシュラールとともにひとつの世界が始まると。おそらくそうである。だが、この定式を上下関係を述べたものとは見ないことが条件である。なぜなら、更けゆく夜には昇る日と同じ価値があるのだから。

結語　明暗

名高い一対の人物を紹介しようとするときにそうするのはごく普通のことであるから、対照的な美しい肖像で終わりにすることもできたし、始めることもできたろう。決闘あるいは二重唱である。例えばフェヌロン対ボシュエ、ヴォルテール対ルソー。貴族、平民、ブルジョワ、庶民……。この際は、まったく身体的な、いわば皮相な対立の力を借りてもよかった。広く抜け上がった額、染みひとつないカラーのなかで少しばかり気取りすました、その射すような眼差しばかりを思い出させる知識人。偉大なる《巨匠》で、尊敬され、ときには追従されることすらあり、コレージュ・ド・フランスの窓から彼の講義を聴く者もあったほどで、王道を歩み、求めずに成功の花を集める……。次は髭に埋もれたあの哲学者。少しばかりボヘミアン風で、ネクタイはねじくれ、こつこつと手仕事をこなした後、ついには《制度》より《名声》によって、栄光のうちに聖別される。こういうことは手軽であったろうし、大して間違いということもなかったろうけれども、いかにくだらないことであったろうか。

まったく正反対に、一挙に彼らの思想の圏内に身を置くのである。このとき彼らとともに、彼らの思想が、肉体的な意味でも心理的な意味でも社会的な意味でも彼らの生涯に還元できないことを、原則として認めるのである。ベルクソンが『思想と動くもの』でそうすることを求め、バシュラールが『夢想の詩学』でそうすることを求めるように、哲学的論拠あるいは詩的着想について何も教えるところのない伝記上の偶発事は黙殺しなくてはならなかった。書かれ、望まれ、後世に伝わる著作のうちに入り込み、原典のみで満足しなくてはならなかった。この研究が以上の点で禁欲的な趣を呈するとしても、科学と神秘主義に共通し、また哲学に適用しなくてはならないところの、「清貧の方法」が忘れられるのでない限り、驚くまでもないだろう。マルクス＝アウレリウスの思考と同様に、パスカルの諸々の『思考《パンセ》』をもたらし、またヘラクレイトスの詩と同様に、ニーチェの諸々の『詩』もたらしたのは、この「清貧の方法」である。というのは、清貧の方法は、束の間のものの刻印を押されながらかろうじて書き残された、あの中途半端な挿話のうちには入らないからである。つまりこの方法には、思考に時間を費やす余裕がある。歴史を超越するためにのみ歴史を勘定に入れた時間、永遠性の約束である……。

しかしながら、この禁欲的な対決を締めくくろうとすれば、現代哲学の主要な二つの相貌の相違の彼方、さらには両者の対立の彼方で、これら二つの相貌を同じ光のうちに統合することになる。しかしこの光には、目を眩ませ、打ちのめすようなところはひとつもない。この光はニュッサのグレゴリウスにおける、天空の上に迫り出す青白い闇ではないし、アルゴスの墓の上のギリシアの大いなる太陽でもない。控え目に閉ざされたカーテンの布をすり抜けるのは、青白い薄明であり、児童が辛抱強く勉強するのを上から見守るのは電灯の慎ましい輝きである。危険を冒して灰色の真珠と薔薇色の愛情を貫くのは夜明けであり、次いで夢とヴェールの時が訪れれば、「星々を落とすのは暗い明るさ」である。

バシュラールがジョルジュ・サンドから借り受ける明暗の雰囲気ほどに、この光を暗示するものはないのであり、この雰囲気によって絵画における戦略が、エクリチュールの探求に移し変えられるのである。レンブラントの『瞑想する哲学者』が思い起こされている。「あの大きな部屋は影に消え、あれらの階段は、どのようにしてかは分からないが果てしなく旋回する。画面のこうした曖昧な輝き、不確かであると同時に明瞭な全体の情景、ひとつの主題の上に散らばるあれらの力強い色彩、しかし主題は結局、明るい茶と暗い茶で描かれているにすぎない。この明暗の魔術……[143]」。

バシュラールはこの雰囲気をひとつの技術以上のものとする。バシュラールはこの雰囲気を、期待としての意識、あるいは覚醒の前兆としての意識の核心へと刻み込む。覚醒とは、それ自体と和解し、また自らと近いものや遠いものと和解した、最も深い存在の覚醒であり、空しい悪夢や苦悶とはほど遠い「黄金の心理現象」である。だからこそ、バシュラールの「明暗の美学」は晴朗の倫理学と不可分になるのである。

だがこのことは自明ではない。これはひとつの著作の結論なのであるが、この著作は、最初喜んで対決させていた諸世界について、遂には深い統一性を見出すのであって、その結論は長い忍耐の結果なのである。これは戦士の休息である。退廃した合理主義に対して、まずは戦いに身を投じなくてはならなかった。視野の狭さ、諸々の知の固定、精神の確固不動の構造への信頼は、ほとんど不可避的に、普遍性についてのあの主張へと到達するのであるが、この普遍性は陰鬱で生気のない一般性にすぎない。ベルクソンは「思い上がった理性」について語った。こうした理性は、実在するものを出来合いの枠組みへはめ込み、自身が獲得できるものを決定的であると信ずる。またこの理性は、それぞれの経験ごとに「絶対的に新しい努力」を払おうとはせずに、自分の持つ諸概念の領域を広げるのであるが、このとき、ひとつの概念がどの程度まで特異であり続けるのか、極限においてはたったひとつのタイプの経験にしか妥当しないのか、ということを考慮しないのだから、怠惰な理性でもある。最後にこの理性は、われわれにとって言葉遊びとしてしか価値を持たない、冗舌な理性である。「通常の思惟を支配するこの保存の論理が、普通は、またおそらくは不用意に、理性と呼ばれるのである。会話《コンヴェルサシオン》はたいそう、保存《コンセルヴァシオン》に似ている(145)」。そもそも、言語《ホモ・ロクアークス》人に対する、非常に名高いベルクソンの防御姿勢を知らない者があろうか。バシュラールが「乾涸びた」合理主義の名で、あるいは「硬化した」合理主義の名でも告発するのは、この同じ態度である(146)。この文脈において「理性」が意味するのは、貧弱で、自身のうちに閉じ込められた、残留物としての知性の姿である。この意味での「理性」は、諸々のステレオタイプを蓄え込み、「根本的な新しさ」の出現を把握できずにいるのである。

　この無味乾燥と閉鎖を前にして、何らかの波瀾が後押しし、また想像的なものが横溢することによって、合理化の働きを退けるよう誘うか、少なくとも実在的なものを合理的なものと対立させるようになる、という事態を想像してもよかったろう。そうだとすれば直観の哲学は、根本的に反合理主義、反主知主義、反概念主義的な、生命と感情の哲学の姿をとることになろうし、自らの原型を美的創造や神秘的混沌に求め、幾何学的論考よりも詩に近い新たな言語を発明するばかりではなく、科学的な厳密さや数学的推理を、全面的に排除はしないまでも、少なくとも乗り越え、いずれにしても慎ましく脆い道具のサイズにまで縮小するのだと主張する新たな学説を発明することになろう。お望みならば、心情によって屈従を強いられる理性、《愛徳》の秩序によって超越される精神の秩序、一種の先駆的《ロマン主義》すなわちパスカルのロマン主義、文字どおりの《ロマン主義》すなわちゲーテのロマン主義、遅れてきた《ロマン主義》すなわちニーチェのロマン主義だと言えようか……。

　われわれにとって、この方向性ほど、ベルクソンやバシュラールと疎遠に見えるものはない。そこでわれわれは、彼らをこの方向性の圏外へ連れ出そうと、厳しい態度で専念してきたのである。実際、ベルクソンとバシュラールが共に、ある種の合理主義を批判するとしても、それは合理性を救うためである。退廃した理性に由来する偏見と破壊に抗って、両者は非合理的なものではなく、超合理的なものへの崇拝《カルト》――およびその練磨《カルチャー》――を提案する。だが、知りもしないことを乗り越えることなどできないのだから、超合理主義者たるには、まずは真の意味で合理主義者たらねばならない。超現実主義者《シュルレアリスト》たるためにまずは真の意味で現実主義者《レアリスト》たらねばならないのと同様である。

　ところで、原典に則って言えば、真の合理主義者は生徒でなくてはならない。「私は次のことを一つの根本的な性格として表明することを恐れない。合理主義者は学校にあり、学校にあろうとし、常に学校にあるのだと。もはや学校にはいないような教師があるとしよう。このとき教師はもう仕事をしていないのであり、このとき教師は科学の都での活動を捨ててしまったのである」(147)。『合理主義的投企』の宣言も同一である。「私は学校へ入って学ぶ」。さらにいっそう明示的には、『適応合理主義』にこうある。「科学的練磨《カルチャー》に没頭する人間は、永遠に生徒である。学校は社会生活にとって最も水準の高い模範である。生徒のままでありたいというのが、教師の密かな願いに違いない」。見てのとおり、「学校」は「教科書的な」とか「幼稚な」といった侮蔑的な意味で持ち出されているのではまったくない。逆である。学校が象徴するのは、活動状態にある文化《カルチャー》＝練磨、作られつつある知、創造の高みである。閉じた理性の庇護的な構造に逃げ込むのではなく、教師と生徒は一緒になって、合理化の過程の発端に参加しなくてはならない。だが合理化過程の発端に、いきなり、一挙に加わるのではない。そこに加わるには、禁欲的に耐えながら、近似性の探求を積み重ねておかねばならない。実在するものから直観を得るには、「丹念な分析」によって直観に備えねばならないとベルクソンは述べていたし、バシュラールはこれと呼応するように『否定の哲学』において、真の科学的一貫性には安易で自動的なところはまったくないと認めていた。超合理主義を「身につける」ことを望む者は、ただ一度の運動だけで、超合理主義に落ち着いてしまうことはできない。「この者は合理主義の開放性をひとつひとつ実験しなくてはならない。この者はひとつひとつ、弁証法的に展開する公理を探求しなくてはならない」。そしてバシュラールは見事にこう付け加える。「弁証法的に展開される公理がただ一つあれば、自然全体を歌わせるには十分なのだ[148]」。

生まれつき超合理主義者であることなどはないのであり、超合理主義者には、なるのであり、超合理主義者になるには、ありとあらゆる形の夢想を鍛えて、合理主義を混乱させなくてはならない。そして、昼の夢想と夜の夢想に対立を無理強いしないことがわれわれにとって根本的であるように見えたとすれば、「器官《オルガン》」はもちろん、「学問の基礎となる道具《オルガノン》」と戯れながら、これらの夢想の「有機的な《オルガニク》」分節や相補性を示す方がずっと有効なのだ。ここでは隠喩的に、昼の眩暈は夜であり、理性の眩暈は直観であり、科学の眩暈は詩であると言うことができるだろう。そして逆もまた真である。どちらの場合にも、開口部、弁証法、力動論への同じ崇拝を見出せる。つまりどちらの場合にも、あらゆる大雑把な合理主義に対する同じ拒絶がある。理性は、せめぎあう様々な想像の力能を対決させることにより、自らにとって最も崇高な賭けに打って出るよう誘われているのである。さてそうだとすれば、理性は芸術家たちに話しかけ、「神秘主義者たちを問い質し」、火の象徴を解釈し、蠟燭の焔の揺らめきに寄り添い、金髪のオフィーリアが「大きな白百合の花のようにたゆたう」淀みを前にして、憂鬱に身を任せなくてはならない……。こうして、バシュラールの仕事の第一部は断固として認識論的であり、合理的明断性を称賛するにもかかわらず、他の側面はすべて、われわれを夢の迷路と迷宮の暗い深みへと投げ込む。だがそれは理性をわけもなく怯えさせるためではなく、理性が自分に巻きついてよじれ、いわば自らに死を与えるのを止めさせるためである。中断−反転という魔を祓うべきなのだとベルクソンは述べていた。

科学哲学を扱う著作のかわりに、詩を扱う著作を取り上げるかどうかは問題になりえなかった。詩を扱う著作は科学哲学を扱う著作の対位モチーフであり、補完物であり、もちろん毒消しですらある。両者を置き換えるかどうかではない。理性を危機に臨ませ、理性を見違えるほど変貌させることが重要なのである。お望みならば、屁理屈を言う理性を、推理する理性に変えることが重要だと言ってもよい。そしてこれは、芸術家と科学者との連帯作業なのである。芸術家と科学者で、手段は正反対に異なっていても、狙いは同じである。闇の朝課を理解したうえでなければ、合理性がそこから勝ち誇って出て来ることはない。ベルクソンにおけるキリストの神秘的再臨、バシュラールにおける詩の迂回は、一貫性への賛歌である。真の合理主義は、科学においても芸術においても、実在論《レアリスム》＝現実主義の位置を定め、かつ乗り越えるのである。この意味で、科学的超合理主義は、詩的超現実主義と逐一対応すると言える。つまり、別な仕方で理解し、別な仕方で感じ、理性と感性のそれぞれを、それぞれの「渦乱流」へと送り返すことにより、両者を和解させることが、明日の哲学者の真の任務なのである。明日の哲学者は「人間は高揚するとき過たない」と証明するにいたるのであろうか……[146]。

訳者あとがき
——哲学を読むということ

本書は、Marie Cariou, *Bergson et Bachelard*, PUF, 1995 の全訳である。

われわれはここで、本書の対外的な位置づけをすることは避けておきたい。以下に見るように、カリウという哲学者は、読解について一定の方法を堅持している。それは、保守的と見えるかもしれないが、きわめて真摯な方法である。この方法に鑑みて、彼女の解釈を受け入れるのであっても、また批判するのであっても、われわれはまず、カリウを丁寧に読まねばならない。以下に解説するカリウの読み方を理解するならば、本書はアンリ・ベルクソン（一八五九—一九四一）にせよガストン・バシュラール（一八八四—一九六二）にせよ、真剣に「読解」するための、手引きあるいは検討材料として役立つに違いない。より一般的には、カリウの主張する読解の仕方は、読む者にとって他者である過去の哲学者のテクストを通じて、読む者自身が哲学するための、ひとつの手本となるのではないかとわれわれは考えるのである。

著者マリー・カリウの著作を刊行年順に記せば概ね以下のとおりとなる。これらのうち、ベルクソンに関するもの、またアトミズムに関するものについては、著者自身によって本書の原注に引用されている（〔　〕内に、注釈での引用にあてた邦題を記しておく）。

Freud et le désire, PUF, 1973

Bergson et le fait mystique, Aubier-Montaigne, 1976〔『ベルクソンと神秘的事象』〕

Trois études sur l'atomisme, Aubier-Montaigne, 1978〔『アトミズムについての三つのエチュード』〕

De la tyrannie et totalitarisme, L'Hermès, 1986

Lectures Bergsoniennes, PUF, 1991〔『ベルクソンの読解』〕

Bergson et Bachelard, PUF, 1995〔『ベルクソンとバシュラール』——本書〕

このように列挙してみると、ベルクソンとバシュラールという二人の哲学者の名を冠する本書は、そのうちの一人であるベルクソンに関する一連の研究の最後に来ることが分かる。一九七六年の『ベルクソンと神秘的事象』(以下『神秘的事象』と略す)において、著者はベルクソンの「読解」に着手する。一九九一年の『ベルクソンの読解』は、先立つ思想家や同時代の思想家とベルクソンとを対峙させる形で、タイトルが示すように、前著よりも明示的に「読み方」に配慮しつつ、ベルクソン哲学の内的な論理を探ろうとする。本書『ベルクソンとバシュラール』は、ベルクソンに後続する思想家であるバシュラールをベルクソンと対決させることにより、ベルクソンによってバシュラールを照らし出しながら、バシュラールによってベルクソンを照らし出そうとする試みである。この意味で本書は、バシュラールについての研究であることも確かだが、むしろ、著者がベルクソンについて試みてきた一連の「読解」の一翼を担うものと思われるのである。

そこでまずわれわれは、『神秘的事象』および『ベルクソンの読解』において、著者カリウがベルクソンを「読む」ということをどのように理解しているかを見てみたい。

『神秘的事象』は、ベルクソンの晩年の著作『道徳と宗教の二源泉』（以下『二源泉』と略す）についての研究を核とする著作であるが、検討はベルクソンの主著全般にわたる。それは、『二源泉』自体の次のような性格によるだろう。『二源泉』においてベルクソンは、道徳および宗教について、動物的かつ制度的なもの、その意味で静的で閉じたものと、自らを動的に開こうとする超制度的なものとを対比しつつ、後者の、特に宗教の在り方に、人間の使命を託そうとする。ベルクソンはこの『二源泉』において、先立つ著作において自身が実践してきた経験主義的態度を貫きながら、この態度のもとで培われてきた、生命の躍動についての理論、つまり生命進化の推進力となる実在性についての理論を、価値的な文脈へと拡張しようとする。著者カリウは、経験に即しつつ経験の根源を求めて、諸事実を照合し、諸事実の交差を探るという、ベルクソンの経験主義的な形而上学の方法と論題を、『二源泉』に先行する諸著作から引き出しながら、『二源泉』の構成と射程を詳細かつ鋭い仕方で探ってゆくのである。

『神秘的事象』の序論は、「「声に出して」読むことについて（D'un lire «à haute voix»）」という副題のもとで、著者の行う「読解」が何に依拠するかを示そうとする。この副題の意図は明白である。「声に出して読む」という表現は、ベルクソン自身から引かれているからである。ベルクソンは言う。「偉大な作家の著作について論ずるのは有益かもしれない。論ずることで著作はよりよく理解され、鑑賞されるだろうからである。それにしても、生徒は始めに鑑賞しておかねばならないし、理解しておかねばならない。子供はまず、著作を再び発明し、あるいは、著者の霊感をある程度まで我がものとせねばならないだろう。著者につき従い、著者の身振りや態度、やり方を取り入れるのでないとしたら、子供はどうやって霊感を我がものにするだろう。声に出して適切に読むということは、まさにこのことである」（『思想と動くもの』(p. 1326/93–94)〔邦訳白水社全集第七巻一〇二～一〇三頁〕。カリウは、読解には「著者の身振りや態度、やり方を取り入れる」こと、つまりは「声に出して読むこと」が必要だと主張するこのベルクソンのテクストを念頭に置きながら、自身の解釈態度を「声に出して読むこと」であると規定し、ベルクソンが「読解」の基礎に据える右のような態度でベルクソンを読むことを、自らに課すのである。カリウによれば、『神秘的事象』での原則（「公準」）は、ベルクソン哲学の内的な論理を捉え、ベルクソンという哲学者独自の風貌を探り当てるために、「ベルクソンとともにベルクソンを読む」ことである。著作を「読む」ということを、カリウはベルクソンにならって、「著作を再び発明すること」であり、「再び書くこと」であると規定し、書く者が配慮するのも、読む者が捉えようとするのも、ひとつの組織化の働きなのだと述べている。

このように『神秘的事象』は、徹底してベルクソンに即して、ベルクソンに内在的にベルクソンを読むのだと宣言している。こうした読解は、ベルクソンの外からベルクソンの言説をニュートラルなものとして読む一見客観的な解釈態度と比べれば、「主観的である」という指摘を受けかねないが、この点についてカリウは躊躇しない。著述を統御する構造は読解をも統御するはずで、ここには書く者と読む者の「共謀」の客観性があるとカリウは見るからである。この意味でカリウは、読解は「誰かの」読解に始まって、執筆と読解を統御する構造を客観化することなのであり、「誰のものでもない」読解から始めるのはそもそも不可能であると見ている。つまり無名性と客観性を混同してはならないとカリウは言うのである。また、読解には主観性がつきものであることをカリウは認める。だが、書く者が「私」

と言うとき、この「私」が、私的な生活の主体としての私ではなく、テクストの客観的構造によって構成された、操作的な主観性であるのと同様、テクストを読む者の主観性も、個人的なエピソードの主体の主観性ではなく、読解に伴う操作的な主観性にすぎないと見るのである。テクストの告げる哲学者の特異性としての主観性は私的な生活の主観性には還元されないばかりか、後者の主観性は前者の転落したものとカリウは見ている。問題は、哲学者アンリ・ベルクソンの真の主観性、彼の意図を、客観的な構造として把握することであり、そのために、カリウは、ベルクソンに即してベルクソンを読むこと、つまり「誰か」であるという主観性を引き受けながら、ベルクソンの主観性を、「再び発明する」ことによって客観化することを提唱するのである。

「声に出して読む」というこの主題は、『ベルクソンの読解』においても繰り返される。ただし、この一九九一年の著作においては、「ベルクソンに即してベルクソンを読む」という、『神秘的事象』における回帰的な「読解」とは異なる「読解」が企図されている。ベルクソン風の読み方を我がものとしながら、『神秘的事象』のカリウが行ったのは、ベルクソンの方法と学説を解き明かすことであった。『ベルクソンの読解』が目指すのは、「ベルクソンがこの〔彼の哲学的〕方法を、自身の形而上学の探求のみならず、さまざまの哲学体系の読解において、いかに適用するかを知る」(p. 24) ということである。読まれるテクストの構造を捉え、律動と寄り添うこと、つまり「声に出して読む」という初歩的訓練に基づく読解の営みが、ここでもベルクソン的な読み方として提示される。『神秘的事象』における同様カリウは、対象に寄り添うことをせず、実のところは無名性にすぎない客観性を退け、読解は無色でありえず、「誰かの」客観性から出発するのでなくてはならないと述べている。『神秘的事象』よりも明示的かつ簡潔に、カリウはこの読解の営みを、「諸人格の対話」、「特異性の尊重」、「まず他人の言葉を話すこと」であるとし、「読むこと、書くこと、それは対話することである」と述べる。『神秘的事象』は、このような対話としての読解によって、ベルクソンのテクストそのものに臨んだのであるが、『ベルクソンの読解』は「ベルクソンはいかにして哲学者たちと対話するのか」を問うのである（*Lectures bergsoniennes* というタイトルを引用のために邦訳するにあたり、やや戸惑ったことを記さねばならないだろう。この著作は「ベルクソンを読解する」著作であると同時に、「ベルクソンによる読解を探る」著作であるからである。敢えて錯綜した表現を用いれば、「ベルクソンが他の思想家を読解する仕方を介して、ベルクソンを読解する」著作なのである。われわれはこの事情に鑑みて、このタイトルを、二重の意味にとれる原語を生かすよう、『ベルクソンの読解』としたのだが、場当たり的な訳語であることは否めないと思う）。

カリウが「対話」としてのベルクソンの「読解」を探るのは、フロイト、クロード・ベルナール、ギヨン夫人とルソーについてである。従来ベルクソンの読解が問われてきた、プロティノス、カントといった思想家と比べると、彼らがマイナーな思想家であることは否めないが、カリウは先行する諸研究を刷新する意図はなく、ただ引き継ぐにとどめるために彼らを選ぶのだとする。また、これらの思想家は、ベルクソンの著作の展開に対応するよう選ばれている。加えて、ここでの比較の試みについて、カリウはひとつの配慮を述べている。それは、読み、読まれる思想家たちについて、どちらにも通暁するのでなければ、この比較の試みをむやみに体系的にすべきではないというものである。一方の思想家を特権化したり、あまつさえ主導権を握らせたりするのは、どちらの思想家についても深刻な誤解を招くという理由によってである。それゆえ、カリウは思想家ごとに設問を変える煩瑣を厭わない。フロイトについては、ベルクソンとフロイトとの類似と相違を問う。クロード・ベルナールについては、ベルナールをベルクソンがどのように読み、それはなぜなのかを問う（ベルクソン自身が「クロード・ベルナールの哲学」という小論を執筆しているため、読解の原則を貫きやすいという利点がある）。ギヨン夫人とルソーについては、ベルクソンが彼らに対して自身をどう位置づけるかを問う。

「対話」としての「読解」を探るというこの試みに際して、カリウはもうひとつの指摘をしている。それは、「出会い」「影響」といった私的な生の文脈で、「対話」を捉えないということである。ベルクソンは枝葉末節を容れないとカリウは述べる。スピノザはいつ生きていてもスピノザ哲学を書く、と「哲学的直観」においてベルクソンは述べるのであり（p. 1351/124）〔邦訳白水社全集第七巻一四三頁〕、このことに基づいてカリウは、表層に飲み込まれて中心を見失うことを退けるというベルクソンの態度を、読解における根本的な方法論上の要請とする。つまり、伝記的、政治的、科学的な文脈は枝葉となる挿話であり、解釈にとっては無視してよい非本質的なもの、ベルクソンが自身の哲学を表明する「機会」にすぎないとするのである。『神秘的事象』において、読解される哲学者の私的な主観性と、真の独自性をなすはずの主観性とが区別されたのは右に見るとおりであるが、この区別が、ベルクソンによる他の哲学者の「読み方」を探るという主題ゆえにこそ、『ベルクソンの読解』においては一段と鋭い形をとるのである。

カリウは先立つ著作において、以上のような方針のもとに、ベルクソンの「読解」を試みてきたのである。われわれは本書『ベルクソンとバシュラール』を、これらの「読解」のひとつに数えることができると考える。まず、たった今述べた、「枝葉末節」の忌避という点から見てみたい。以上のような本質重視の立場を強く主張する『ベルクソンの読解』が出版されたのは、一九九一年であることをここで念頭に置いてもよいだろう。一九八九年のベルクソンの第一著作百周年以後、フランス本国では、ベルクソンの講義録（邦訳法政大学出版局、全四巻、一九九九―二〇〇一年）が刊行され、著作外の資料を踏まえた伝記的な研究が現れる。カリウが以上のような厳格な態度をとるのは、自身の方法としての配慮であることはもとより、著作外の資料や新発見の資料によってベルクソンを読み解こうとするこうした潮流を警戒してであると思われる。本書『ベルクソンとバシュラール』においては、カリウはもっとあからさまな形で同様の主張を繰り返している。例えば、本書の序論には次のようにある。「講義がいかに興味深いものであっても、著作を理解するうえではどう見ても本質的ではなく、そのほとんどが著作の誕生とは疎遠であることは明らかである。それなら、講義は単に教育上有効であるにすぎないということを認めておこう。そしてわれわれはおそらく、諸テクストを読みなおすためのいくつかの手がかりに身を委ねることになる。テクストというのは、真のテクスト、つまり、著者が公にすることを望んだテクストのことだ」（本書二頁）。ベルクソンが公刊を許したテクストは、著作以外にほとんどないと言ってよい。本書においてカリウこのように明白に、著作以外の資料はベルクソン哲学の表明される「機会」であり、「枝葉末節」にすぎないという立場を貫くのである（ただし著作として、ベルクソンが重版を許さなかった『持続と同時性』については、最終著作『思想と動くもの』でベルクソンが『持続と同時性』の主張を繰り返していることを根拠として「真のテクスト」に加えられる）。

この立場は、ベルクソンのみならずバシュラールについても堅持される。本書の「結語」は、二人の哲学者の身体的特徴と生涯を（なかなか巧みに）織り合わせて二人の肖像を描いて見せながら、この似顔絵を「くだらない」（本書一一九頁）と一蹴するのだが、それに続いて次のように述べる。「まったく正反対に、一挙に彼らの思想の圏内に身を置くのである。このとき彼らとともに、彼らの思想が、肉体的な意味でも心理的な意味でも社会的な意味でも彼らの生涯に還元できないことを、原則として認めるのである。ベルクソンが『思想と動くもの』でそうすることを求め、バシュラールが『夢想の詩学』でそうすることを求めるように、哲学的論拠あるいは詩的着想について何も教えるところのない伝記上の偶発事は黙殺しなくてはならなかった。書かれ、望まれ、後世に伝わる著作のうちに入り込み、原典のみで満足しなくてはならなかった」（本書一一九〜一二〇頁）。『神秘的事象』では「主観性」と「客観性」という用語によってやや晦渋に述べられ、『ベルクソンの読解』ではより鋭く簡潔に示された方針を、本書はこのようにいっそうコンパクトに提示する。

では「読解」そのものについてはどうであろうか。というよりむしろ、ベルクソンを読み、ベルクソンによって読んできたカリウは、なぜ、またどのようにして、バシュラールを選ぶのであろうか。『神秘的事象』におけるように、ベルクソンが評価する読解の仕方によってベルクソンを読むことは、堅実なひとつの解釈方法であろう。『ベルクソンの読解』が試みたように、ベルクソン自身の提唱する読解の仕方を、他者を読み、他者と対話するにあたり、ベルクソンがどのように運用するかを見定めるというのも、手堅い読み方であると言えるであろう。ではバシュラールを相手にする場合、テクストの運動をたどり、「書き手にとって」の客観性を探るところから始めるというベルクソン的読解はどのような位置に置かれることになるのか。バシュラールは当然ながらベルクソンではないし、ベルクソンによって「対話」の相手として読まれたこともない。

世代的に見れば、バシュラールはベルクソンより新しい。とはいえ、バシュラールの読み方でベルクソンを読むというのではない。先にも見たとおり、先立つ著作と同様に本書においても、カリウはベルクソンのテクストそのものから出発しようとするのであり、そうであるからには、『神秘的事象』以来のベルクソン読解の基本的方針は維持されていると見るべきであろう。この方針でベルクソンのテクストを読むための手がかりの役割を、カリウはバシュラールに託すのである。「バシュラールはそうした〔ベルクソンの〕読みなおしの手がかりのひとつであり、そして特権的な手がかりである」（本書一一頁）。手がかりとは、ベルクソン哲学に「敵対する合理主義によっても熱狂する神秘主義よっても、明らかになりえなかった」（本書二頁）ところの、「ひとつの文脈」（同上）であり、バシュラールこそがこれを与えるのだとカリウは見ているのである。バシュラールと対比しながらベルクソンを読むことにより、ベルクソンのうちにひとつの「文脈」を読み解くことが本書の課題である。『神秘的事象』に「客観的構造」と言われ、『ベルクソンの読解』においては、対話する「人格」あるいは「特異性」と言われたものが、この際の「文脈」にあたるのであろうが、本書の場合、各章での主題が、読み解かれるべき「文脈」のそれぞれであると言ってよいであろう。端的に言えば、それは「科学哲学」の企図であると思われる。

ただし、バシュラールについても、ベルクソンと同様、「一挙に思想の圏内へ身を置く」ことが重要だと言われていることについては先にも見たとおりである。つまりバシュラールについても読解は無名のニュートラルさにおいてではなく、バシュラールに寄り添うところから始まらねばなるまい。そのうえで、バシュラールはベルクソンの読解を助けることができるとカリウは見る。つまり、両者を文字どおり対話させることが問題である。この対話は、ベルクソンが実際に読解した思想家と、ベルクソンを対話させるのとは違った配慮を要求する。例えばベルクソンがどう読んだのかがテクストによって知れるクロード・ベルナールの場合、第三者がベルクソンの主張に引き寄せうるベルナールの見解のうち、実際にベルクソンが引き受けるものと、両者を対比しつつ読むものの読解上の仮説においてベルクソンの主張に近づけることができるものとは、テクストを根拠として区別することができるはずである。また、バシュラールがベルクソンに触れるとき、そうすることによって自身の主張を際立たせるためであることが専らであるとはいえ、この場合には今の場合と同様に、バシュラールが咀嚼して提示するベルクソンの主張と、ベルクソン自身の主張との隔たりを、テクストから測ることができる。だが逆の場合、例えばバシュラールのものときわめて近いと思われるベルクソンの主張と、バシュラール自身の主張との隔たりは、あらかじめ両者のテクストをそれぞれ独立に読み込んでいるのでなければ、精確には測ることができないであろう。バシュラールを咀嚼し、提示するテクストをわれわれに残すことなど、バシュラールに先立つベルクソンには言うまでもなく不可能であり、要するにわれわれには、ベルクソンについて述べたバシュラールのテクストを目にするようには、バシュラールについて述べたベルクソンのテクストを目にすることはないのである。

ここで、両者のテクストを独立に、丹念に読解せずに両者を対比するならば、ベルクソンのうちに潜在的にバシュラールの思想が含まれている、あるいはしかじかのバシュラールの主張はベルクソンの影響を受けていると、われわれは安直に結論してしまうかもしれない。カリウがバシュラールはベルクソン哲学の「文脈」を明らかにするのを助けると言うのも、また、バシュラールからベルクソンを読むばかりでなく、「ベルクソンを介してのバシュラール」(本書三頁)を書くことができると言うのも、このような安易な思想の因果関係や影響関係を念頭に置いてのことではないというばかりではなく、むしろ、遡ってベルクソンのうちにバシュラールを胚胎させることをカリウは避けようとしている。両者はあくまでも独立に読まれ、しかもカリウにおいて互いに対話者となるのである。スピノザやライプニッツを介してデカルトを読むことができると同様、バシュラールのみならず、サルトルやメルロ＝ポンティを介してベルクソンを読むことができるとカリウが主張するのは、この対話という意味においてである。この点は強調してもし足りないであろう。カリウが、「科学の哲学におけるベルクソン哲学の射程の全域は、科学哲学がいったん練り上げられた上で、そこから回顧的に言及することによってしか、あからさまには示されない」(本書二頁)と述べるのも、また「バシュラールはベルクソンの遥か先まで、科学の事例と芸術の事例とを深く探求した。彼はより詳細かつ精確に、方法の新しい規則を定めた。だが彼は、学説を真に変質させたわけではない」(本書四頁)と述べるのも、ベルクソンとバシュラールのそれぞれに、まずは密着し、次いで両者の対話を探る限りにおいてである。つまり、ベルクソン哲学に属するものと、バシュラール哲学に属するものとを、精確に見極めたうえで、両者の対立と継承の関係を言うのであり、テクストの表面上の類似によって潜在的な先取りを想定するがゆえではない。ところで、精神に属する事柄の展開に、このように不可逆な性格を授けるのは、他ならぬベルクソンの哲学であり、さらに、この展開を、深い断絶の跳躍であり、弁証法的な展開であると見るのがバシュラールの哲学である。カリウはこの点でも、徹底してテクストに内在的であろうとするのである。

ベルクソンとバシュラールを、以上のような対話の関係に置くことで、探り出される文脈とはいかなるものか。より精確には、ベルクソンが定めたという科学の哲学の射程と、それを展開するバシュラールの方法とはいかなるものか。こうしたことは、本書の各章を読み進めることで明らかとなるであろう。われわれは本書の扱う論題について、もう少しだけ言葉を費やしておきたい。

本書においては、ベルクソンの科学批判の側面、つまり現代的な意味での「科学哲学《エピステモロジー》」の先駆けとなる側面と、一見、価値論的と見える側面との関連が、さまざまな仕方で論じられる。われわれはこの関連をめぐって、第一部の三「否定的認識論のために」で主として論じられる、ベルクソンにおける肯定と否定の位置づけについて着目したい。カリウはここで、ベルクソンが方法として掲げる直観の、実証する＝肯定するという意味でのポジティヴな力について論じている。既成の物理的・概念的なシステムによっては捉えられない生命、精神、社会について、ベルクソンは経験的な「諸事実」の告げることにのみ従い、諸事実の「線」がおのずと集まり交差するところを探る、という方法を自らに課す。この綜合的な探求において導きの糸の役割を果たすのが、直観であるとされ、直観は既存のシステムに対して「否」と言うところから始まるのではあるが、交差する事実の線の彼方に、真理を示唆して止まないのである。このように、直観はベルクソンによって、「形而上学」の基礎に据えられることになり、生命については物理的な作用反作用に還元できない精神的な原則、つまりひとつの「躍動」の現実存在を告げることになる。カリウはこの意味でのベルクソンの形而上学を「メタ生物学」（本書四八頁）と呼び、心理的な本性の実在についての実証的＝肯定的な学であると見るのである。

そうしたうえでカリウは、実証的形而上学の足場としての直観をもって、道徳や宗教をめぐる問題へと歩を進めることについて、ベルクソンを批判的に検討している。今まで見てきた本書の性格からして、ここでの批判は任意の仕方でなされるのではなく、ベルクソンの方法に対立し、これを凌駕しようとするひとつの方法として、バシュラールの哲学が置かれている。「実証」の名のもとに、肯定の力を重視するベルクソン哲学に、カリウは否定の軽視を指摘するのであり、この指摘は、「実証」を重視しつつその可能性の条件を求め、理性に内在する否定の力能を重視するバシュラールを介して行われると言ってよいであろう。カリウは徹底して、二人の思想家のテクスト同士の対話を試みるのである。

カリウが指摘する、肯定の哲学としてのベルクソン哲学の問題点から見てゆこう。まず踏まえておきたいのだが、カリウは神秘主義や宗教を扱うベルクソンを、宗教哲学として、さらにはキリスト教の哲学として位置づけるのではない。そうではなく、ベルクソンが神秘主義を考察するのは、端的には認識論の観点からであると、『神秘的事象』においても、『ベルクソンの読解』においても、カリウは述べている。神秘主義は、この観点からすれば、ベルクソンにとって哲学的直観に示唆を与え、方向を示す、諸「事実」あるいは「証言」の一例にすぎない。自身の認識論（ベルクソンの場合には同時に形而上学）の、おそらく最終的な方向を示すという意味では、特権的な「事実」であるとしても、また「事実」は新たな探求ごとに新たな努力において検討されるとベルクソンが述べるとしても、認識論のために参照されるべき事実、という資格が変わるわけではない。要するに、カリウはベルクソンに、一貫して認識論的な志向を見て取るのである。

ところで、参照される「事実」としての、神秘主義者の「証言」について、その肯定的側面を重視するベルクソン哲学については、『神秘的事象』においてすでに若干の批判的検討が行われている。「事実」の資格でベルクソンが取り上げる神秘主義者のテクストについて、カリウは自身で読解を進め、その結果、ベルクソンの結論の性急さ、見落としを指摘するのである。『ベルクソンの読解』と同様、ここでもカリウは、ベルクソンに忠実であり、かつ神秘主義のテクストにも忠実であることを貫きながら、ベルクソンの哲学に対する批判を行う。つまりカリウ自身が言うように、「何らかの批判精神や護教的配慮に鼓吹されて」(p. 191) 批判を行うわけではない。この読解の姿勢のものと、『神秘的事象』がベルクソンに指摘するのは、神秘主義者が明白に主張する、神についての無知(nescience)、すなわち、神についてのあらゆる経験と認識の「否定」、という命題の見落としである。カリウの読むところでは、キリスト教の神秘主義者たちにとっての神は、あらゆる理解と経験を超えているがゆえに神であり、神についての「経験」や「認識」はありえない。神については、ただ信仰によってのみ、その愛と一致しうると彼らは述べるのであり、ベルクソンが彼らに託すように、「神が何であるのか見ると信ずる」ことはない(この点で神秘主義者たちの立場は、本書でもベルクソンの読み落としが指摘されるプロティノスの立場と一致しているとカリウは言う)。ただ、『神秘的事象』において、ベルクソンの読解の性急さは、ベルクソンの方法そのものの欠陥ではないとされる。ベルクソンの態度は、神秘主義のテクストを、認識論を補強する「事実」の資格で参照する、という方法論的な指針に貫かれているからである。問題は、ベルクソンが神秘主義という事実を通じて、認識論の完成という企図を実現しようとする際、あまりに性急であったという点に見出されている。「ベルクソンの企図を実現するには長い分析が必要だったのであり、この分析は、再び言えば、一人きりの研究者の仕事たりえなかったのである。少なくともベルクソンは、膨大な数にわたり、さまざまな文明に属する神秘主義的著述に、人格的かつ非常に直截な仕方で接触し、そのうえでそれぞれの場合において、精確な仕方で意見を述べるべきであった」(p. 190)。とはいえ、ベルクソンの経験主義的方法において直観そのものに託される肯定的な力については、『神秘的事象』は問い詰めることはない。ベルクソンの方法には批判を向けず、ベルクソンの扱う対象をカリウ自身が読むことにより、ベルクソンの神秘主義読解を批判するのが『神秘的事象』であったとすれば、本書『ベルクソンとバシュラール』は、まさにベルクソンの方法を、今度はバシュラールを媒介として、検討するのである。

本書におけるカリウの批判においては、ベルクソンの方法の要となる「直観」に焦点が絞られる。「持続の経験から神の肯定へと、極限に移行してしまうことは、何によっても許されない。直観が、空間的表象、概念的な硬直を拒み、精神現象はいうまでもなく、生命現象も説明するために、「媒介的イメージ」と「流動的概念」を提案するということ、このことについてベルクソンは、多くの場合説得力を持ちえたのであるが、だからといって、ベルクソンが表象されえないものについて発言することが許されるわけではない」(本書四八頁)。また次の箇所ではいっそう明白に、ベルクソン哲学における直観の地位が問われる。「……直観に《存在》を直に把握する力を委ねるところから始める以上、また教条的に、「《絶対》は心理的本質のものである」と肯定する以上、体系は怪しげな本体論主義に、無謀な肯定=実証主義に変貌する」(本書四七頁)。このように、ベルクソンの認識論の実証的側面、つまり、諸事実の合流を探ることによって、既存の認識の枠組みを批判しつつ、実在についての新たな展望を開く、という点について、本書のカリウは批判するわけではない。問題はベルクソン哲学において直観に託される、万能の肯定の力能である。カリウはいわば、フランス語では同一の positif という語で指される

「実証的」と「肯定的」の間に、脱臼を引き起こそうとしているのである。そのため、ベルクソンの認識論的な企図については、カリウは問題とはしない。そのうえで、直観に肯定を委ねる方法が、認識批判を通じての形而上学、という企図を足元から崩しかねないと見るのである。このことは、次の二つの箇所に読み取れるであろう。「われわれは次のように問うことができる。ベルクソンは、人間の科学の将来にとってきわめて実り多い、方法論的な企画をまるごと定義しようとしているだけではないのかと。だがまさにこのことによって、ベルクソンはあらゆる存在論の扱う領域を縮小しようとしているのではないのかと」（本書五一～五二頁）。「持続の直観は、極度の微細さと稀な深みを備えた心理的実在性を開示する。だが、何をよりどころにしても、自我の超越性は自我とは別である、と言い張ることはできない。どんな変貌も、真でも偽でもない言明の対象を作ることはできない。したがって、おそらくはメタ生物学《ビオロジー》である形而上学《メタフィジーク》を、「認識」の一形態とするのを諦めねばならない」（本書四八～四九頁）。この角度から見れば、『神秘的事象』のように、ベルクソンが神秘主義を誤読するのは、自身の方法の徹底をしなかったためだ、と指摘するだけでは不十分に見える。ベルクソンが神秘主義における「神の無知」を把握できないのは、理性に内在する「否定」の力能を消去し、直観の肯定の力能にすべてを託すからだと思われてくるであろう。このように、本書におけるカリウのベルクソンの読み方は、『神秘的事象』におけるよりも厳しい。

ただ、物理学的・概念的な認識装置の構造的欠陥を指摘し、実在に寄り添う新たな認識を開くというベルクソンの認識論的な企図は無傷である。この企図が、物理学的・概念的な認識の枠組みとその限界を定め、形而上学の可能性を探ったカント哲学を出発点とすることを、カリウは了解している。それゆえカリウは右のように、ベルクソンにおける直観について、また直観に基づく形而上学について、ベルクソンの規定するとおりに万能の肯定として受け取れば、かえって「認識」の一形態たることを諦めるほかないと述べた後、次のようにベルクソン哲学を評価するのである。「これが、カント哲学を開くのだと信じながら、ベルクソンがベルクソン哲学を閉ざす唯一の点である」(本書四八〜四九頁)。カリウは『神秘的事象』において、カントとベルクソンの対立をベルクソンを優位として読まないという読解上の配慮のもと、ベルクソンをカントの後継者の一人とみなしている。本書でも、この立場は変わらない。ただ、カリウはベルクソンと並んで、バシュラールもカントを足場として「認識論」を形成したと指摘する。そのうえで、バシュラールの立場を認識論におけるひとつの徹底と見て、ベルクソンを批判するのである。カリウはバシュラールとベルクソンとを対比しながら、一方では「カント的な不可知論を論駁し、存在論の根拠に対するカントの批判をもう一度無効にするためには、超越論的直観を用いることなど求められない」(本書四九頁)という点でバシュラール哲学はベルクソン哲学より慎ましいとする。だがもう一方で、「バシュラールは理性に対して、まさに、理性があらかじめ確立しておいた規則を問題とするよう求め、理性が理性自身に抗って、また必要とあれば混迷に陥る危険を冒しながら働くよう求め」(本書五六〜五七頁)、「極端な場合にはカテゴリーをすべて取り上げて、いかにしてこれらのカテゴリーを開くのかを、ひとつずつ指摘」(本書五〇頁)すると言われる。この意味でバシュラールは、「「知性的直観」が現実に存在すると少し急いで認めれば済む」(本書四九頁)と考えるベルクソン哲学とは異なり、まさに「批判哲学の改鋳を提案する」(本書五〇頁)と見られている。それゆえカリウは、バシュラールはベルクソンよりも野心的であると言うのである。このように特徴づけられるバシュラール哲学は、ベルクソンの提案する直観に代えて、理性そのものに内的な論争と弁証法を持ち込むのであり、実在はそのつど、自らを内的に変革し続ける理性によって、「構成される」ことになる。このようにカリウは、バシュラール的な多元主義と反‐実在論、徹底した構成主義の光によってベルクソン哲学を照射することにより、ベルクソン哲学の根幹における破綻を暴き出すと同時に、その企図、展望、射程をいっそう明らかにしようとするのである。以上のような意味で、われわれは、カリウによって本書で企画された対話が、『神秘的事象』から『ベルクソンの読解』を通じて、長らくの懸案ではなかったかと推測する。実際、『神秘的事象』においてベルクソンの方法を定めるにあたり、バシュラールの『否定の哲学』を引用している。それは、同じ言葉のもとに異なる二つの事実の共存を見出し、言葉と概念からなる体系を拒絶することによって実在を把握せよと促す、ベルクソン的直観の否定の力を指摘する場面においてである（p. 29）。また、『神秘的事象』の結論は、認識が科学的であるためには、「科学的」という考え方の拡張を図らねばならない、というのがベルクソンの要請するところであると指摘しながら、拡張することの意義について、「科学自身を精神分析すること」と規定している（p. 243）。『ベルクソンの読解』は、ベルクソンがベルナールに託す、きたるべき科学の特徴として、「得られる概念、理論、結論の過渡的性格を肯定すること」を挙げるのであるが、この過渡的性格のうちに、カリウは「未だ定まらないひとつの直観」を見つつ、これを「バシュラールならばより精確に、科学的な「弁証法」と呼ぶであろうところのもの」と特徴づける（p. 102）。また同書では、ベルクソンが神秘主義を扱うのは「認識論的《エピステモロジーク》とすら言いうる次元に属する理由から」であると明白に言われる（p. 108）。これらを見る限り、カントの先で、ベルクソンの方法における実証＝肯定と否定の関係を見定めるためにこそ、バシュラールとベルクソンとの対決が要請されたと言うことができるだろう。

以上を踏まえるならば、本書においてベルクソンとバシュラールについて試みられる読解のうち、相対性理論をめぐるものは、とりわけ二人の思想家の「認識論」を具体的に対比した箇所として興味深い。議論の尽きない主題であると思われるので、カリウの読解の正否を問うには、本書の第二部の二「機械論の偽りの輝き」の展開を実際にたどるのが望ましい。われわれはここで、簡単にこの箇所の論点だけを挙げて、導入を試みるにとどめたい。

カリウは、ベルクソンの相対性理論理解について、物理学理論をそれとして科学的に理解する点では誤っていないと見る。そのうえで、ベルクソンの誤りは哲学的なものであると指摘するのである。つまりベルクソンの誤りとは、相対性理論の誤読ではなく、相対性理論を扱うときに明らかになる、またも方法論的な欠陥なのである。それは、「空間」についての誤解であると言われる。哲学者として出発したときからベルクソンは、外在的なものとしての空間との対立において、持続という内在的にして心理的、時間的な実在性を提示してきた。しかしカリウの見るところ、ベルクソンは空間の概念を正面から扱ったことがない。カリウは、「内在性と外在性の弁証法における二項の間で、ベルクソンは特権化された観点、根本的な肯定性＝実証性を設ける」（本書一〇〇頁）と見るのであり、この肯定性＝実証性を委ねられるのが、内在性としての「持続」である。外在性、つまり空間を扱うベルクソンの態度について、「ベルクソンは空間の概念の四肢を切断し、縮小し、凝結させる。そうすることによって自ら、空間に最小限の流動性すら持ち込むことを禁ずる結果となる。このことを、ベルクソンは見落としているのである」（本書一〇一頁）とカリウは指摘する。このように、与えられるものの一方である持続を実在とみなし、他方を非実在とみなすことは、断りなしに正当化される立場ではないとカリウは言う。「われわれの間ではどんな場合でも、雑種の混合物、不可分な混雑物が、われわれの意識的な生の横糸を形作るのである。空間に投影されない純粋持続についての思考、概念へと弁証法的に展開しない純粋直観についての思考は、純粋な抽象作用である。この抽象作用の成果の豊かさについて異論はないが、成果が豊かだからといって、この抽象作用をひとつの経験と同一視することが正しいわけではない」(本書一〇二頁)。それゆえ、生の経験から離れて、空間をもとに宇宙を再構成する科学について、「一個の観念論」(本書一〇二頁)であるとベルクソンが言うのならば、哲学についても同様に観念論として規定しうることになるとカリウは言うのである。

こうしたベルクソンへの批判は、バシュラールの「弁証法的合理主義」つまり、「どんな実在性も絶対的性格を持たないと指摘」(本書一〇三頁)し、知覚にも直観にも実在認識を委ねない、ひとつの合理主義の立場からのものである。この合理主義が「鎖の両端」とするのは、「数学的な一貫性と実験装置」(本書一〇四頁)である。実在性とはこれらによって構築されるものだというのが、弁証法的合理主義の立場である。「とすると、いわゆる「与えられた」実在性に満足することはできない。実在とは、作るべきものである。実在は構築を基礎とする。実在は論証を要請するのである」(本書一〇三頁)。実際、「検証の道具」を持ち合わせない限り、実在論は素朴であり、経験主義は粗雑であって、こうした実在論および経験論からは、相対性理論が逆説と映る。反対に相対性理論においては、実験装置が支えとなっており、「この実験装置によって、空間については位置を、時間については同時性を、多数化することが可能となり、また状況ごとに得られた尺度を互いに精確に比較することが可能となるのである」

（本書一〇三頁）。こうした「物理学の新たな局面」において、抽象作用は「具体的」な実在性を損なわない。むしろ常識を新たな仕方で、宇宙の中に据え直すことが可能となる。これが弁証法的合理主義の物理学についての理解である。この立場からすれば、直観に頼って、実在性のアンバランスな抽象を行うベルクソンの立場は、「具体性」を目指しながらも、かえって「「具体的」と言われうる実在性を損な」（本書一〇四頁）うことになると見えるであろう。バシュラールは、科学そのものの内的弁証法についての構造的無理解、つまりは、科学のひとつの位相から抜けられずにいながら、科学そのもののメタ・レヴェルに立とうとする点で、ベルクソンを批判する。つまり、ベルクソンのような「時空を分離する分析」は、「まだ古典力学に近」（本書一〇四頁）いということである。

このように、カリウの設定する対話は、バシュラールの問題意識をベルクソンから説き起こし、ベルクソンの限界をバシュラールによって指摘するとともに、出発点に返ってベルクソンの射程を明示することを可能にする。とりわけ相対性理論をめぐる論考は、対話のこうした性格を示す絶好の例であると思われる。

われわれは以上のように、カリウの「読解」の在り方について、また本書の概略について解説することで、訳者のあとがきに代えたい。冒頭にも述べたとおり、本書はベルクソンおよびバシュラールを読むための、ひとつの出発点となるとわれわれは考える。ここでカリウが展開するテクストに密着した読解は、華々しい高揚はそれほど期待できないとしても、読む者自身、書く者自身の思考と認識が、常に問われるような読解であり、まさしく哲学らしい読み方ではないかと思われるのである。

最後とはなったが、この翻訳の仕事を紹介して下さった筑波大学の谷川多佳子先生、またこの仕事をお任せ下さった、法政大学出版局の故・稲義人氏、遅々として進まない作業をお待ち下さった同編集部の平川俊彦氏ならびに藤田信行氏に、この場を借りて心よりお礼申し上げたい。

永野拓也

二〇〇五年二月二〇日

参考文献

この文献表では年代順の配列をとる．ベルクソンの各論文および講演については，これらを収録する論文集を示すとともに，ページについてはPUF刊行のいわゆる生誕百年記念版の『著作集』（*Œuvres*）あるいは『雑録』（*Mélanges*）における頁数を示すよう心がけた．

略号は以下を用いる．

DI	『意識の直接与件についての試論』*Essai sur les données immédiates de la conscience*
MM	『物質と記憶』*Matière et mémoire*
BR	『笑い』*Le rire*
EC	『創造的進化』*L'évolution créatrice*
ES	『精神のエネルギー』*L'énergie spirituelle*
PM	『思想と動くもの』*La pensée et le mouvant*
DS	『道徳と宗教の二源泉』*Les deux sources de la morale et de la religion*
M	『雑録』*Mélanges*

ベルクソン著作年譜

1883年　『ルクレーティウスの抜粋』〔『雑録』掲載（*M* 265）〕

1886年　「催眠状態における無意識の装いについて」（*M* 333）

1889年　『アリストテレスの場所論』（*M* I）

『意識の直接与件についての試論』（*DI* I）

1895年　「良識と古典研究」（*M* 360）

1896年　『物質と記憶』（*MM* 159）

1897年　「ポール・ジャネの形而上学と心理学の諸原理についての分析」（*M* 375）

1900年　『笑い』（*BR 383*）

1901年　『精神のエネルギー』中の「夢」（*ES* 878）〔完全版は『雑録』（*M* 443）〕

「心身平行論と実証的形而上学」（*M* 463）

1902年　「知的努力」（*ES* 930）

1903年　『思想と動くもの』中の「形而上学入門」（*PM* 1392）
ウィリアム・ジェイムズ宛書簡（*M* 587）
エミール・リュバック著「合理的心理学の素描」への序論（*M* 610）
コレージュ・ド・フランスにおける講義「記憶の理論」（*M* 614）
1904年　「脳と思考」（*ES* 959）
「ラヴェッソンの生涯と業績」（*PM* 1450）
1905年　ベルクソンとジェイムズ・ウォード，ウィリアム・ジェイムズとの関係についての書簡（*M* 659）
ボルダン賞に関する報告（*M* 662）
1907年　『創造的進化』（*EC* 487）
1908年　「現在の思い出と誤った再認」（*ES* 887）
エミール・ボレルの論文に対する回答（*M* 753）
ド・トンケデック神父宛書簡（*M* 766）
1909年　アンリ・ドラクロア著『神秘主義の歴史と心理学についての研究』に関する報告（*M* 788）
ウィリアム・ジェイムズ宛書簡（*M* 791）
無意識に関するG．ドゥヴェルショヴェの著作についての討論（*M* 803）
1911年　「哲学的直観」（*PM* 1345）
「意識と生命」（*ES* 815）
コレージュ・ド・フランスにおける講義「人格の理論」（*M* 847）
オラール牧師による「科学が達することのない実在性」についての講演への開演の辞（*M* 885）
「変化の知覚」（*PM* 1365）
「ウィリアム・ジェイムズのプラグマティスムについて」（*PM* 1440）
1912年　ド・トンケデック神父宛書簡（*M* 963）
「霊魂と身体」（*ES* 836）
1913年　コロンビア大学における講義（抄録）（*M* 976）
「生きている者の幻」（*ES* 860）
「クロード・ベルナールの哲学」（*PM* 1433）
1914年　エディンバラ大学におけるギフォード・レクチャー．人格性をめぐる11回の講演（*M* 1051）
1915年　「フランス哲学概観」（*M* 1157）
ハラルド・ヘフディング宛書簡（*M* 1146）

1916年　マドリッドにおける人間霊魂についての講演（*M* 1200）
　　　　マドリッドにおける人格性についての講演（*M* 1215）
1919年　『精神のエネルギー』（*ES* 811）
1922年　『持続と同時性』（*M* 57）
　　　　『思想と動くもの』緒論第1部、第2部（*PM* 1253）
1930年　「可能と実在」（*PM* 1331）
1932年　『道徳と宗教の二源泉』（*DS* 980）
1934年　『思想と動くもの』（*PM* 1251）
1935年　フロリス・ドラットル宛書簡（*M* 1522）
1936年　「我が使節行」（*M* 1553）
1937年　P. セルティランジュ宛書簡（*M* 1573）
　　　　デカルト記念会議へのメッセージ（*M* 1574）
1939年　D. アレヴィ宛書簡. シャルル・ペギーについて（*M* 1585）

邦訳白水社ベルグソン全集（1993年）
〔この全集の他にも邦訳はあるが，本訳においては主として下を参照した. 上の文献表に加えると煩瑣になるため，ここにまとめて記す〕

第1巻　『時間と自由』（『意識の直接与件についての試論』），『アリストテレスの場所論』
第2巻　『物質と記憶』
第3巻　『笑い』，『持続と同時性』
第4巻　『創造的進化』
第5巻　『精神のエネルギー』
第6巻　『道徳と宗教の二源泉』
第7巻　『思想と動くもの』
第8巻　『小品集Ⅰ』（『雑録』の一部）
第9巻　『小品集Ⅱ』（同上）

バシュラール著作年譜

〔著作については邦題の後の（　）内に原題と出版社を記す。邦訳のある場合は〔　〕内に出版社と出版年を記す〕

1928年　『近似的認識試論』（*Essai sur la connaissance approchée*, Vrin）〔国文社，1982年〕
　　　　「ある物理問題の進展をめぐる試論――固体内における熱伝導」

1929年　『相対性理論の帰納的価値』（*La valeur inductive de la relativité*, Vrin）

1932年　『現代化学の整合的多元論』（*Le pluralisme cohérent de la chimie moderne,* Vrin）

『瞬間と持続――ガストン・ルプネルの『シロエ』についての研究』（*L'intuition de l'instant : Etude sur la «Siloé» de Gaston Roupnel*, Stock（Gontier, 1966, Bibliothèque «Médiation».『詩的瞬間』と『形而上学的瞬間』，およびジャン・レスキュールによる『バシュラールの詩学序論』を増補した版））〔紀伊國屋書店，1967年〕

1933年　『原子と直観（分類の試み）』（*Les intuitions atomistiques*（essai de classification）, Boivin, réed. Vrin）〔国文社，1977年〕

1934年　『新しい科学的精神』（*Le nouvel esprit scientifique,* Alcan（11e éd., PUF, 1971））〔中央公論社，1976年，文庫版ちくま学芸文庫，2002年〕

1936年　『持続の弁証法』（*La dialectique de la durée* Boivin（nouv. éd., PUF, 1972））〔国文社，1976年〕

1937年　『現代物理学における空間の経験』（*L'expérience de l'espace dans la physique contemporaine*, PUF）

1938年　『科学的精神の形成――客観的認識の精神分析のために』（*La formation de l'esprit scientifique, Contribution à une psychanalyse de la connaissance objective,* Vrin）〔国文社，1975年〕

『火の精神分析』（*La psychanalyse du feu,* NRF 1965）〔せりか書房，1969年，増補版1978年，1987年〕

1940年　『ロートレアモンの世界』（*Lautréamont,* José Corti）〔思潮社，1965年〕

『否定の哲学――新しい科学的精神の哲学についての試論』（*La philosophie du non, Essai d'une philosophie du nouvel esprit scientifique,* PUF）〔白水社，1974年，1978年〕

1942年　『水と夢――物質の想像力についての試論』（*L'eau et les rêves, Essai sur l'imagination de la matière,* José Corti）〔国文社，1969年〕

1943年　『空と夢――運動の想像力にかんする試論』（*L'air et les songes. Essai sur l'imagination du mouvement,* José Corti）〔法政大学出版局，1968年〕

1948年　『大地と意志の夢想――力の想像力についての試論』（*La terre et les rêveries de la volonté, Essai sur l'imaginotion des forces,* José Corti）〔思潮社，1972年〕

『大地と休息の夢想――内奥のイメージについての試論』（*La terre*

et les rêveries du repos. Essai sur les images de l'intimité, José Corti)〔思潮社，1970年〕
1949年　『適応合理主義』（*Le rationaliseme appliqué,* PUF）〔国文社，1989年〕
1950年　『風景——一哲学者によるある版画家についてのノート（アルベール・フロコンの15の彫版のためのエチュード）』（*Paysage. Notes d'un philosophe pour un graveur*（*Etudes pour quinze burins d'Albert Flocon*）, Rolle〔Suisse〕）（1970年『夢みる権利』（PUF）に再録）
1951年　『現代物理学における合理主義的活動』（*L'activité rationaliste de la physique contemporaine*, PUF）
1953年　『合理的唯物論』（*Le matérialisme rationnel*, PUF）
1957年　『空中楼閣——ある版画家の哲学，アルベール・フロコンの彫版』（*Châteaux en Espagne, la philosophie d'un gravenr, burins d'Albert Flocon, Paris,* Cercle Grolier）（『夢みる権利』（PUF）に再録）
『空間の詩学』（*La poétique de l'espace,* PUF）〔思潮社，1969年，文庫版ちくま学芸文庫，2002年〕
1960年　『夢想の詩学』（*La poétique de la rêverie,* PUF）〔思潮社，1976年〕
1961年　『蠟燭の焔』（*La flamme d'une chandelle,* PUF）〔現代思潮社，1966年〕
1970年　『夢みる権利』（各種テクストからなる遺稿集）（*Le droit de rêver,* PUF）〔筑摩書房，1977年，文庫版ちくま学芸文庫，1999年〕
『エチュード』（ジョルジュ・カンギレームによって選定された五つのテクストからなる遺稿集）（*Etudes*, Vrin）〔法政大学出版局，1989年〕
1972年　『合理主義的投企』（各種テクストからなる遺稿集．ジョルジュ・カンギレームによる序文）（*L'engagement rationaliste,* PUF）
1988年　『火の詩学』（シュザンヌ・バシュラール編集による遺稿集）（*Fragments d'une poétique du feu,* PUF）〔せりか書房，1990年〕

ベルクソンへの「光にみちた」入門のためには，次を読むとよい．

ジル・ドゥルーズ『ベルクソンの哲学』（Gilles Deleuze, *Le bergsonisme*, PUF, 1966）〔法政大学出版局，1974年〕

バシュラールへの「暗闇の」入門のためには，次を読むとよい．

フランソワ・ダゴニェ『ガストン・バシュラール』（François Dagognet, *Gaston Bachelard*, PUF, 1972）

原注／訳注

1.『思想と動くもの』緒論第1部（*Le pensée et le mouvant,* p. 1265/16）〔邦訳白水社全集第7巻24–25頁〕. 編者と編纂年次の表示法については，文献表を系統的に参照のこと.

2.〔訳注〕ハナウド（berce）は種が揺り籠（berceau）の形をしている.

3.『夢想の詩学』（*La poétique de la rêverie,* p. 42）〔邦訳思潮社66頁〕.

4.『思想と動くもの』緒論第2部（p. 1276/31）〔邦訳白水社全集第7巻41頁〕.

5.『合理主義的投企』（*L'engagement rationaliste*, p. 40）.

6.『エンネアデス』（Ⅵ, 8. 9）を参照のこと.

7.『エンネアデス』（Ⅲ, 8. 8）.

8. ベルクソン，特に『創造的進化』（*L'évolution créatrice*）および『思想と動くもの』を参照のこと.

9. バシュラール，特に『科学的精神の形成』（*La formation de l'esprit scientifique*）および『近似的認識試論』（*Essai sur la connaissanve approchée*）を参照のこと.

10. バシュラール，『新しい科学的精神』（*Le nouvel esprit scientifique,* p. 143）〔邦訳ちくま学芸文庫171–172頁〕.

11. ベルクソン『思想と動くもの』緒論第2部（p. 1277/32）〔邦訳白水社全集第7巻42頁〕，およびバシュラール『新しい科学的精神』（p. 155）〔邦訳ちくま学芸文庫186–187頁〕参照のこと.

12.〔訳注〕「闇の朝課（leçon des ténèbres）」とは，カトリックにおける聖木，金，土曜日の朝課と賛歌のこと.

13.『否定の哲学』（*La philosophie du non*, p. 13）〔邦訳白水社23頁〕，『意識の直接与件についての試論』（*Essai sur les données immédiates de la conscience*, p. 120/137）〔邦訳白水社全集第1巻168頁〕.

14.『合理主義的投企』（p. 70）.

15.『否定の哲学』（p. 39）〔邦訳白水社60頁〕.

16.『否定の哲学』（p. 138）〔邦訳白水社209頁〕.

17.『夢想の詩学』（p. 12）〔邦訳思潮社27頁〕.

18.『思想と動くもの』収録の「形而上学入門」（p. 1395/181）〔邦訳白水社全集第7巻205頁〕.

19.『雑録』（*Mélanges*）収録の「心身平行論と実証的形而上学」（p. 488）

〔邦訳白水社全集 8 巻237頁〕.

20. 『思想と動くもの』収録の「形而上学入門」(p. 1408/197)〔邦訳白水社全集第 7 巻223–224頁〕.

21. 『創造的進化』(p. 535–536/48–49)〔邦訳白水社全集第 4 巻68頁〕.

22. 『創造的進化』(p. 670/208)〔邦訳白水社全集第 4 巻237頁〕.

23. 『近似的認識試論』(特に p. 23, 24)〔邦訳国文社30–31頁〕.

24. 『新しい科学的精神』(p. 139)〔邦訳ちくま学芸文庫167頁〕.

25. 『思想と動くもの』(p. 1322/88)〔邦訳白水社全集第 7 巻97頁〕.

26. 『新しい科学的精神』(p. 139)〔邦訳ちくま学芸文庫167頁〕.

27. 『精神のエネルギー』収録の「生きている者の幻」を参照 (*L'énergie spirituelle*, p. 875–878/79–84)〔邦訳白水社全集第 5 巻100–104頁〕.

28. 『科学的精神の形成』(p. 23)〔邦訳国文社32–33頁〕.

29. 『合理的唯物論』(*Le matérialisme rationnel*, p. 207).

30. 特に,「われわれは生まれつきプラトン主義者である」を参照.

31. 『思想と動くもの』収録の「形而上学入門」(p. 1416/207)〔邦訳白水社全集第 7 巻235頁〕.

32. 拙著『ベルクソンの読解』(*Lectures bergsoniennes*, PUF, 1991), 第 1 章「ベルクソンとフロイト」参照.

33. 『否定の哲学』(p. 39)〔邦訳白水社59頁〕.

34. 『否定の哲学』(p. 39–40)〔邦訳白水社60頁〕.

35. 同上〔邦訳同上59頁〕.

36. 『夢想の詩学』(p. 8–11)〔邦訳思潮社22–26頁〕.

37. 『精神のエネルギー』収録の「意識と生命」(p. 817/4, 831/22)〔邦訳白水社全集第 5 巻14頁〕,『雑録』収録の「心身平行論と実証的形而上学」(p. 483)〔邦訳白水社全集第 8 巻230–231頁〕,『道徳と宗教の二源泉』(*Les deux sources de la morale et de la religion,* p. 1186/263)〔邦訳白水社全集第 6 巻300頁〕.

38. 『蠟燭の焔』(*La flamme d'une chandelle*, p. 8)〔邦訳現代思潮社15–16頁〕,『否定の哲学』(p. 41)〔邦訳白水社62頁〕.

39. 『空間の詩学』(*La poétique de l'espace*, p. 79)〔邦訳ちくま学芸文庫149–150頁〕.

40. 同上 (p. 81)〔邦訳同上151頁〕.

41. 同上 (p. 79)〔邦訳同上149頁〕.

42. 『蠟燭の焔』(p. 20)〔邦訳現代思潮社30頁〕.

43. 『空間の詩学』(p. 79)〔邦訳ちくま学芸文庫148頁〕.

44. 『意識の直接与件についての試論』(p. 58–59/64–65)〔邦訳白水社全集

第 1 巻84–85頁〕.

45.『創造的進化』(p. 675–676/214–215)〔邦訳白水社全集第 4 巻243–244頁〕.

46.『精神のエネルギー』(p. 849/45)〔邦訳白水社全集第 5 巻60–61頁〕.

47.『思想と動くもの』(p. 1285/42)〔邦訳白水社全集第 7 巻49–50頁〕.

48.『否定の哲学』(p. 41)〔邦訳白水社63頁〕.

49.『思想と動くもの』収録の「哲学的直観」(p. 1347/119–120)〔邦訳白水社全集第 7 巻138頁〕.

50.『思想と動くもの』収録の「形而上学入門」(1399/185–186)〔邦訳白水社全集第 7 巻211頁〕.

51.『空間の詩学』(p. 83)〔邦訳ちくま学芸文庫156頁〕.

52.『否定の哲学――新しい科学的精神の哲学についての試論』, 1940年〔邦訳白水社, 1974年, 1978年〕.

53.『思想と動くもの』収録の「哲学的直観」(p. 1348/120)〔邦訳白水社全集第 7 巻139頁〕, 1911年.

54.『否定の哲学』(p. 9)〔邦訳白水社19頁〕.

55.『創造的進化』(p. 738/287)〔邦訳白水社全集第 4 巻324–325頁〕.

56. 同上 (p. 739/288, 742/292)〔邦訳同上325–326頁, 330頁〕.「笑い」にも同じ表現がある.

57.『思想と動くもの』収録の「哲学的直観」(p. 1347/120)〔邦訳白水社全集第 7 巻138頁〕.

58.『創造的進化』(p. 742/292)〔邦訳白水社全集第 4 巻330頁〕.

59.『道徳と宗教の二源泉』(p. 1189/267)〔邦訳白水社全集第 6 巻304頁〕.

60. 同上 (p. 1170–1173/243–253)〔邦訳同上277–290頁〕.

61. 同上 (p. 1173/247)〔邦訳同上281頁〕.『二源泉』のこれらの分析の詳細についての批判は, 拙著『ベルクソンと神秘的事象』(*Bergson et le fait mystique*, Aubier, 1976) で読むことができる. われわれはこれらの分析を追認するにとどめる.

62. 同上 (p. 1187/265)〔邦訳同上302頁〕.

63.『意識の直接与件についての試論』第 3 章,『創造的進化』(p. 730/277; 747/298)〔邦訳白水社全集第 4 巻313頁, 337頁〕.

64.『創造的進化』(p. 747/298)〔邦訳白水社全集第 4 巻338頁〕.

65.〔訳注〕人間は神を直観的に認識する, また直観が人間の全知識の源泉であるとする考え方.

66. 特に『思想と動くもの』収録の「変化の知覚」(p. 874/154)〔邦訳白水社全集第 7 巻176頁〕および「形而上学入門」(p. 1427–1428/220–221)〔邦訳

同248-249頁〕.

67.『否定の哲学』(p. 15)〔邦訳白水社25-26頁〕.

68. 同上 (p. 107)〔邦訳同上161-162頁〕.

69. 同上 (p. 110)〔邦訳同上166-167頁〕.

70. ベルクソン『創造的進化』(p. 795/355, 798/357)〔邦訳白水社全集第4巻399-400頁, 403頁〕, バシュラール『新しい科学的精神』〔邦訳中央公論社, ちくま学芸文庫〕.

71.『創造的進化』(p. 795/355)〔邦訳白水社全集第4巻400頁〕.

72.『新しい科学的精神』(p. 152)〔邦訳ちくま学芸文庫183頁〕.

73. 同上 (p. 143)〔邦訳同上171-172頁〕.

74.『否定の哲学』, 第3章 (p. 52)〔邦訳白水社79-80頁〕.

75. 同上 (p. 67)〔邦訳同上101頁〕.

76.『新しい科学的精神』(p. 169)〔邦訳ちくま学芸文庫203頁〕.

77.『否定の哲学』第3章第6節の結論 (p. 79)〔邦訳白水社120頁〕.

78. 同上 (p. 71)〔邦訳同上108頁〕.

79.『合理主義的投企』(p. 98).

80. 同上 (p. 11).

81.『瞬間と持続』収録の「詩的瞬間と形而上学的瞬間」4 (*L'intuition de l'instant*, p. 110)〔邦訳紀伊國屋書店134頁〕.

82.『夢想の詩学』(p. 51)〔邦訳思潮社78頁〕.

83.『合理主義的投企』(p. 8). 同じ指摘が『否定の哲学』(p. 135)〔邦訳白水社205頁〕にもある.

84.『否定の哲学』(p. 139)〔邦訳白水社210頁〕.

85. 同上 (p. 135)〔邦訳同上204頁〕.

86.『持続の弁証法』(*La dialectique de la durée,* p. 150)〔邦訳国文社196頁〕.

87.『合理主義的投企』(p. 8).『否定の哲学』(p. 135-137)〔邦訳白水社204-208頁〕.

88.『否定の哲学』(p. 136)〔邦訳白水社206頁〕.

89.『持続の弁証法』(p. 145)〔邦訳国文社190頁〕.

90.『夢想の詩学』(p. 51)〔邦訳思潮社78頁〕.

91.『否定の哲学』(p. 138)〔邦訳白水社209頁〕.

92.『否定の哲学』(p. 12)〔邦訳白水社22頁〕,『夢想の詩学』(p. 23)〔邦訳思潮社41頁〕.

93.『合理主義的投企』(p. 50).

94.『否定の哲学』(p. 39)〔邦訳白水社59頁〕.

95.『夢想の詩学』(p. 99)〔邦訳思潮社141頁〕.

96.『雑録』収録の「心身平行論と実証的形而上学」(p. 495)〔邦訳白水社全集第 8 巻241頁〕

97.『持続の弁証法』(p. 7)〔邦訳国文社23頁〕.

98. 同上 (p. 37–38, 48–49, 55)〔邦訳同上59頁, 73頁, 81頁〕.

99. 同上 (p. 93–94)〔邦訳同上127頁〕.

100.『思想と動くもの』緒論第 2 部 (p. 1330/98)〔邦訳白水社全集第 7 巻106–107頁〕.

101. 同上 (p. 1322/88)〔邦訳同上96頁〕.

102.『道徳と宗教の二源泉』(p. 1162–1163/234)〔邦訳白水社全集第 6 巻266頁〕.

103.『エンネアデス』(Ⅲ, 8. 4).

104. 同上 (Ⅴ, 8. 11).

105.『持続の弁証法』(p. 113)〔邦訳国文社151–152頁〕.

106.『思想と動くもの』収録の「形而上学入門」(p. 1432/227)〔邦訳白水社全集第 7 巻255頁〕.

107.『持続の弁証法』(p. 18)〔邦訳国文社36頁〕.

108.『精神のエネルギー』収録の「意識と生命」(p. 822/11)〔邦訳白水社全集第 5 巻22頁〕.

109. 同上 (p. 831/21, 834/25)〔邦訳同上34–35頁, 39頁〕.

110.『思想と動くもの』収録の「形而上学入門」(p. 1416/206)〔邦訳白水社全集第 7 巻234頁〕.

111. 同上 (p. 1418/209, 1419/210)〔邦訳同上237頁, 238頁〕.

112. 同上 (p. 1419/210)〔邦訳同上238頁〕.

113.『創造的進化』(p. 508/17)〔邦訳白水社全集第 4 巻35頁〕.

114. 同上 (p. 534/46)〔邦訳同上65頁〕.

115. 同上 (p. 527/39)〔邦訳同上58頁〕.

116. 同上 (p. 508/16)〔邦訳同上35頁〕.

117. 拙著『アトミズムについての三つのエチュード』(*Trois études sur l'atomisme*, Aubier-Montaigne, 1978), 第 3 章を参照.

118. 拙著『ベルクソンの読解』第 1 章を参照.

119.『思想と動くもの』緒論第 2 部 (p. 1280/37, n. 1)〔邦訳白水社全集第 7 巻107–111頁〕.

120. 同上 (p. 1281/38)〔同上108頁〕.

121.『持続と同時性』(*Mélanges*, p. 112/78)〔邦訳白水社全集第 3 巻218頁〕,『意識の直接与件についての試論』(p. 74/83)〔邦訳白水社全集第 1 巻107頁. なお,「空間の第四次元」という表現については104頁 (原典 p. 73/81)〕.

122. 『持続と同時性』(p. 203/222)〔邦訳白水社全集第3巻332頁〕.

123. 同上(p. 205/226)〔邦訳同上334-335頁〕.

124. 『雑録』(p. 1345)〔邦訳白水社全集第9巻156頁〕.

125. 『持続と同時性』(p. 148/135, 151/140)〔邦訳白水社全集第3巻262頁, 266頁〕.

126. 同上(p. 195/209)〔邦訳同上321頁〕.

127. 『雑録』(p. 1343)〔邦訳白水社全集第9巻153-154頁〕,『持続と同時性』(p. 137-138/118-120)〔邦訳白水社全集第3巻250-251頁〕.

128. 『持続と同時性』(p. 143-144/128)〔邦訳白水社全集第3巻257頁. réalité réelle の訳語とした「実在的実在性」は日本語として硬いが, 数学的規約によって定義される「規約的実在性」(réalité conventionnelle) との対比を考え, 白水社全集の訳を踏まえてこの訳語とした〕.

129. 同上(p. 136/116)〔邦訳同上249頁〕.

130. フランス哲学会1922年4月6日の会合(『雑録』(p. 1344)〔邦訳白水社全集第9巻155頁〕). ここでベルクソンは『持続と同時性』の一節(p. 136/117)〔邦訳白水社全集第3巻249-250頁〕とほぼ同じ内容を述べる.

131. 『持続と同時性』(p. 145/131)〔邦訳白水社全集第3巻260頁〕.

132. 同上(p. 113/80)〔邦訳同上219-220頁〕.

133. メルロ=ポンティ『シーニュ』参照.「アインシュタインと理性の危機」.

134. 〔訳注〕『雑録』(p. 1346)〔邦訳白水社全集第9巻157頁〕. カリウは il n'y a pas de temps des philosophes としているが,『雑録』では「とすれば哲学者たちにとっての時間などひとつもない (il n'y a donc pas un temps des philosophes)」となっている.

135. 拙論「河についてのさまざまな隠喩の知恵に関する試論」('Essai sur la sagesse des métaphores fluviales', in Les actes du Colloque organisé par l'Université Jean-Moulin, sous la direction de François Piquet, *Le fleuve et ses métamorphoses*, Éd. Didier) を参照.

136. 『持続と同時性』(p. 215/241)〔邦訳白水社全集第3巻348頁〕.

137. この分析については,『相対性の帰納的価値』(Vrin, 1929),『合理主義的投企』(PUF, 1972) 第2部第3章を参照.

138. 〔訳注〕筑摩書房ヴァレリー全集第1巻237頁.

139. この分析については, ベルクソン『ルクレーティウスの抜粋』(Delagrave)〔『雑録』(p. 265-310), 邦訳白水社全集第8巻30-106頁〕, バシュラール『原子と直観』(*Les intuitions atomistiques,* rééd. Vrin)〔邦訳国文社〕, および拙著『アトミズムについての三つのエチュード』(Aubier-Montaigne) を参

照.

140.『思想と動くもの』収録の「形而上学入門」(p. 1432/226)〔邦訳白水社全集第７巻254–255頁〕.

141.『合理主義的投企』(p. 108).

142.『創造的進化』(p. 512/21, 518/28, 520/30, 526/37)〔邦訳白水社全集第４巻39頁，47–48頁，49–50頁，55–56頁〕.

143. 拙著『ベルクソンと神秘的事象』(Aubier, 1976).

144.『コンシュエロ』,『蠟燭の焰』(p. 8–9)〔邦訳現代思潮社16頁〕から引用.

145.『思想と動くもの』緒論第２部 (p. 1322/89)〔邦訳白水社全集第７巻97頁〕.

146.『合理主義的投企』(p. 10).

147.『フランス哲学会誌』(*Bulletin de la Société française de philosophie*, 1950).

148.『否定の哲学』(p. 138)〔邦訳白水社209頁〕.

149.『夢想の詩学』(p. 3)〔邦訳思潮社15頁〕.

《叢書・ウニベルシタス　818》
ベルクソンとバシュラール

2005年 4 月30日　　初版第 1 刷発行

マリー・カリウ
永野拓也 訳
発行所　財団法人　法政大学出版局
〒102-0073 東京都千代田区九段北3-2-7
電話03(5214)5540／振替00160-6-95814
製版，印刷　三和印刷／鈴木製本所

Printed in Japan

ISBN4-588-00818-8

著者

マリー・カリウ（Marie Cariou）

フランス国家博士．ジャン－ムーラン（リヨン第三）大学教授．哲学部名誉学部長，副学長を兼務した．主な著書に，*Freud et le désire*, PUF, 1973. *Bergson et le fait mystique,* Aubier-Montaigne, 1976. *Trois études sur l'atomisme*, Aubier-Montaigne, 1978. *De la tyrannie et totalitarisme*, L'Hermès, 1986. *Lectures Bergsoniennes*, PUF, 1991. *Bergson et Bachelard*, PUF, 1995〔本書『ベルクソンとバシュラール』〕などがある．

訳者

永野拓也（ながの たくや）

熊本電波工業高等専門学校一般科目講師．主要論文：「ベルクソンにおける労働とその価値」，（『哲学』第50号，日本哲学会，1999年4月）．共訳：A. ド・リベラ『中世哲学史』（新評論）．

				(頁)
52 53	社会学的思考の流れ (I・II)	R.アロン／北川, 平野, 他訳		I・350 II・392
54	ベルクソンの哲学	G.ドゥルーズ／宇波彰訳		142
55	第三帝国の言語LTI〈ある言語学者のノート〉	V.クレムペラー／羽田, 藤平, 赤井, 中村訳		442
56	古代の芸術と祭祀	J.E.ハリスン／星野徹訳		222
57	ブルジョワ精神の起源	B.グレトゥイゼン／野沢協訳		394
58	カントと物自体	E.アディッケス／赤松常弘訳		300
59	哲学的素描	S.K.ランガー／塚本, 星野訳		250
60	レーモン・ルーセル	M.フーコー／豊崎光一訳		268
61	宗教とエロス	W.シューバルト／石川, 平田, 山本訳	品切	398
62	ドイツ悲劇の根源	W.ベンヤミン／川村, 三城訳		316
63	鍛えられた心〈強制収容所における心理と行動〉	B.ベテルハイム／丸山修吉訳	品切	340
64	失われた範列〈人間の自然性〉	E.モラン／古田幸男訳		308
65	キリスト教の起源	K.カウツキー／栗原佑訳		534
66	ブーバーとの対話	W.クラフト／板倉敏之訳		206
67	プロデメの変貌〈フランスのコミューン〉	E.モラン／宇波彰訳		450
68	モンテスキューとルソー	E.デュルケーム／小関, 川喜多訳	品切	312
69	芸術と文明	K.クラーク／河野徹訳		680
70	自然宗教に関する対話	D.ヒューム／福鎌, 斎藤訳	品切	196
上・71 下・72	キリスト教の中の無神論 (上・下)	E.ブロッホ／竹内, 高尾訳		上・234 下・304
73	ルカーチとハイデガー	L.ゴルドマン／川俣晃自訳	品切	308
74	断　想　1942—1948	E.カネッティ／岩田行一訳		286
75 76	文明化の過程 (上・下)	N.エリアス／吉田, 中村, 波田, 他訳		上・466 下・504
77	ロマンスとリアリズム	C.コードウェル／玉井, 深井, 山本訳		238
78	歴史と構造	A.シュミット／花崎皋平訳		192
79 80	エクリチュールと差異 (上・下)	J.デリダ／若桑, 野村, 阪上, 三好, 他訳		上・378 下・296
81	時間と空間	E.マッハ／野家啓一編訳		258
82	マルクス主義と人格の理論	L.セーヴ／大津真作訳		708
83	ジャン=ジャック・ルソー	B.グレトゥイゼン／小池健男訳		394
84	ヨーロッパ精神の危機	P.アザール／野沢協訳		772
85	カフカ〈マイナー文学のために〉	G.ドゥルーズ, F.ガタリ／宇波, 岩田訳		210
86	群衆の心理	H.ブロッホ／入野田, 小崎, 小岸訳		580
87	ミニマ・モラリア	Th.W.アドルノ／三光長治訳		430
88 89	夢と人間社会 (上・下)	R.カイヨワ, 他／三好郁郎, 他訳		上・374 下・340
90	自由の構造	C.ベイ／横越英一訳	品切	744
91	1848年〈二月革命の精神史〉	J.カスー／野沢協, 他訳		326
92	自然の統一	C.F.ヴァイツゼカー／斎藤, 河井訳	品切	560
93	現代戯曲の理論	P.ションディ／市村, 丸山訳	品切	250
94	百科全書の起源	F.ヴェントゥーリ／大津真作訳	品切	324
95	推測と反駁〈科学的知識の発展〉	K.R.ポパー／藤本, 石垣, 森訳		816
96	中世の共産主義	K.カウツキー／栗原佑訳	品切	400
97	批評の解剖	N.フライ／海老根, 中村, 出淵, 山内訳		580
98	あるユダヤ人の肖像	A.メンミ／菊地, 白井訳		396
99	分類の未開形態	E.デュルケーム／小関藤一郎訳		232
100	永遠に女性的なるもの	H.ド・リュバック／山崎庸一郎訳	品切	360
101	ギリシア神話の本質	G.S.カーク／吉田, 辻村, 松田訳		390
102	精神分析における象徴界	G.ロゾラート／佐々木孝次訳		508
103	物の体系〈記号の消費〉	J.ボードリヤール／宇波彰訳		280

				(頁)
104	言語芸術作品〔第2版〕	W.カイザー／柴田斎訳	品切	688
105	同時代人の肖像	F.ブライ／池内紀訳		212
106	レオナルド・ダ・ヴィンチ〔第2版〕	K.クラーク／丸山, 大河内訳		344
107	宮廷社会	N.エリアス／波田, 中埜, 吉田訳		480
108	生産の鏡	J.ボードリヤール／宇波, 今村訳		184
109	祭祀からロマンスへ	J.L.ウェストン／丸小哲雄訳		290
110	マルクスの欲求理論	A.ヘラー／良知, 小箕訳	品切	198
111	大革命前夜のフランス	A.ソブール／山崎耕一訳	品切	422
112	知覚の現象学	メルロ=ポンティ／中島盛夫訳		904
113	旅路の果てに〈アルペイオスの流れ〉	R.カイヨワ／金井裕訳		222
114	孤独の迷宮〈メキシコの文化と歴史〉	O.パス／高山, 熊谷訳		320
115	暴力と聖なるもの	R.ジラール／古田幸男訳		618
116	歴史をどう書くか	P.ヴェーヌ／大津真作訳		604
117	記号の経済学批判	J.ボードリヤール／今村, 宇波, 桜井訳		304
118	フランス紀行〈1787, 1788&1789〉	A.ヤング／宮崎洋訳		432
119	供　犠	M.モース, H.ユベール／小関藤一郎訳		296
120	差異の目録〈歴史を変えるフーコー〉	P.ヴェーヌ／大津真作訳	品切	198
121	宗教とは何か	G.メンシング／田中, 下宮訳		442
122	ドストエフスキー	R.ジラール／鈴木晶訳	品切	200
123	さまざまな場所〈死の影の都市をめぐる〉	J.アメリー／池内紀訳		210
124	生　成〈概念をこえる試み〉	M.セール／及川馥訳		272
125	アルバン・ベルク	Th.W.アドルノ／平野嘉彦訳		320
126	映画　あるいは想像上の人間	E.モラン／渡辺淳訳	品切	320
127	人間論〈時間・責任・価値〉	R.インガルデン／武井, 赤松訳		294
128	カント〈その生涯と思想〉	A.グリガ／西牟田, 浜田訳		464
129	同一性の寓話〈詩的神話学の研究〉	N.フライ／駒沢大学フライ研究会訳		496
130	空間の心理学	A.モル, E.ロメル／渡辺淳訳		326
131	飼いならされた人間と野性的人間	S.モスコヴィッシ／古田幸男訳		336
132	方　法　1. 自然の自然	E.モラン／大津真作訳	品切	658
133	石器時代の経済学	M.サーリンズ／山内昶訳		464
134	世の初めから隠されていること	R.ジラール／小池健男訳		760
135	群衆の時代	S.モスコヴィッシ／古田幸男訳	品切	664
136	シミュラークルとシミュレーション	J.ボードリヤール／竹原あき子訳		234
137	恐怖の権力〈アブジェクシオン〉試論	J.クリステヴァ／枝川昌雄訳		420
138	ボードレールとフロイト	L.ベルサーニ／山縣直子訳		240
139	悪しき造物主	E.M.シオラン／金井裕訳		228
140	終末論と弁証法〈マルクスの社会・政治思想〉	S.アヴィネリ／中村恒矩訳	品切	392
141	経済人類学の現在	F.プイヨン編／山内昶訳		236
142	視覚の瞬間	K.クラーク／北條文緒訳		304
143	罪と罰の彼岸	J.アメリー／池内紀訳		210
144	時間・空間・物質	B.K.ライドレー／中島龍三訳	品切	226
145	離脱の試み〈日常生活への抵抗〉	S.コーエン, N.テイラー／石黒毅訳		321
146	人間怪物論〈人間脱走の哲学の素描〉	U.ホルストマン／加藤二郎訳		206
147	カントの批判哲学	G.ドゥルーズ／中島盛夫訳		160
148	自然と社会のエコロジー	S.モスコヴィッシ／久米, 原訳		440
149	壮大への渇仰	L.クローネンバーガー／岸, 倉田訳		368
150	奇蹟論・迷信論・自殺論	D.ヒューム／福鎌, 斎藤訳		200
151	クルティウス－ジッド往復書簡	ディークマン編／円子千代訳		376
152	離脱の寓話	M.セール／及川馥訳		178

				(頁)
153	エクスタシーの人類学	I.M.ルイス／平沼孝之訳		352
154	ヘンリー・ムア	J.ラッセル／福田真一訳		340
155	誘惑の戦略	J.ボードリヤール／宇波彰訳		260
156	ユダヤ神秘主義	G.ショーレム／山下, 石丸, 他訳		644
157	蜂の寓話〈私悪すなわち公益〉	B.マンデヴィル／泉谷治訳	品切	412
158	アーリア神話	L.ポリアコフ／アーリア主義研究会訳	品切	544
159	ロベスピエールの影	P.ガスカール／佐藤和生訳		440
160	元型の空間	E.ゾラ／丸小哲雄訳		336
161	神秘主義の探究〈方法論的考察〉	E.スタール／宮元啓一, 他訳		362
162	放浪のユダヤ人〈ロート・エッセイ集〉	J.ロート／平田, 吉田訳		344
163	ルフー, あるいは取壊し	J.アメリー／神崎巌訳		250
164	大世界劇場〈宮廷祝宴の時代〉	R.アレヴィン, K.ゼルツレ／円子修平訳	品切	200
165	情念の政治経済学	A.ハーシュマン／佐々木, 旦訳		192
166	メモワール〈1940-44〉	レミ／築島謙三訳		520
167	ギリシア人は神話を信じたか	P.ヴェーヌ／大津真作訳	品切	340
168	ミメーシスの文学と人類学	R.ジラール／浅野敏夫訳	品切	410
169	カバラとその象徴的表現	G.ショーレム／岡部, 小岸訳		340
170	身代りの山羊	R.ジラール／織田, 富永訳	品切	384
171	人間〈その本性および世界における位置〉	A.ゲーレン／平野具男訳		608
172	コミュニケーション〈ヘルメスI〉	M.セール／豊田, 青木訳		358
173	道　化〈つまずきの現象学〉	G.v.バルレーヴェン／片岡啓治訳	品切	260
174	いま, ここで〈アウシュヴィッツとヒロシマ以後の哲学的考察〉	G.ピヒト／斎藤, 浅野, 大野, 河井訳		600
175 176 177	真理と方法〔全三冊〕	H.-G.ガダマー／轡田, 麻生, 三島, 他訳	I・ II・ III・	350
178	時間と他者	E.レヴィナス／原田佳彦訳		140
179	構成の詩学	B.ウスペンスキイ／川崎, 大石訳	品切	282
180	サン=シモン主義の歴史	S.シャルレティ／沢崎, 小杉訳		528
181	歴史と文芸批評	G.デルフォ, A.ロッシュ／川中子弘訳		472
182	ミケランジェロ	H.ヒバード／中山, 小野訳	品切	578
183	観念と物質〈思考・経済・社会〉	M.ゴドリエ／山内昶訳		340
184	四つ裂きの刑	E.M.シオラン／金井裕訳		234
185	キッチュの心理学	A.モル／万沢正美訳		344
186	領野の漂流	J.ヴィヤール／山下俊一訳		226
187	イデオロギーと想像力	G.C.カバト／小箕俊介訳		300
188	国家の起源と伝承〈古代インド社会史論〉	R.=ターパル／山崎, 成澤訳		322
189	ベルナール師匠の秘密	P.ガスカール／佐藤和生訳		374
190	神の存在論的証明	D.ヘンリッヒ／本間, 須田, 座小田, 他訳		456
191	アンチ・エコノミクス	J.アタリ, M.ギヨーム／斎藤, 安孫子訳		322
192	クローチェ政治哲学論集	B.クローチェ／上村忠男編訳		188
193	フィヒテの根源的洞察	D.ヘンリッヒ／座小田, 小松訳		184
194	哲学の起源	オルテガ・イ・ガセット／佐々木孝訳	品切	224
195	ニュートン力学の形成	ベー・エム・ゲッセン／秋間実, 他訳		312
196	遊びの遊び	J.デュビニョー／渡辺淳訳	品切	160
197	技術時代の魂の危機	A.ゲーレン／平野具男訳	品切	222
198	儀礼としての相互行為	E.ゴッフマン／浅野敏夫訳		376
199	他者の記号学〈アメリカ大陸の征服〉	T.トドロフ／及川, 大谷, 菊地訳		370
200	カント政治哲学の講義	H.アーレント著, R.ベイナー編／浜田監訳		302
201	人類学と文化記号論	M.サーリンズ／山内昶訳	品切	354
202	ロンドン散策	F.トリスタン／小杉, 浜本訳		484

				(頁
203	秩序と無秩序	J.-P.デュピュイ／古田幸男訳		32
204	象徴の理論	T.トドロフ／及川馥, 他訳	品切	53
205	資本とその分身	M.ギヨーム／斉藤日出治訳		24
206	干　渉〈ヘルメスII〉	M.セール／豊田彰訳		27
207	自らに手をくだし〈自死について〉	J.アメリー／大河内了義訳	品切	22
208	フランス人とイギリス人	R.フェイバー／北條, 大島訳		30
209	カーニバル〈その歴史的・文化的考察〉	J.カロ・バロッハ／佐々木孝訳	品切	62
210	フッサール現象学	A.F.アグィーレ／川島, 工藤, 林訳		232
211	文明の試練	J.M.カディヒィ／塚本, 秋山, 寺西, 島訳		538
212	内なる光景	J.ポミエ／角山, 池部訳		526
213	人間の原型と現代の文化	A.ゲーレン／池井望訳		422
214	ギリシアの光と神々	K.ケレーニイ／円子修平訳	品切	178
215	初めに愛があった〈精神分析と信仰〉	J.クリステヴァ／枝川昌雄訳		146
216	バロックとロココ	W.v.ニーベルシュッツ／竹内章訳		164
217	誰がモーセを殺したか	S.A.ハンデルマン／山形和美訳		514
218	メランコリーと社会	W.レペニース／岩田, 小竹訳		380
219	意味の論理学	G.ドゥルーズ／岡田, 宇波訳		460
220	新しい文化のために	P.ニザン／木内孝訳		352
221	現代心理論集	P.ブールジェ／平岡, 伊藤訳		362
222	パラジット〈寄食者の論理〉	M.セール／及川, 米山訳		466
223	虐殺された鳩〈暴力と国家〉	H.ラボリ／川中子弘訳		240
224	具象空間の認識論〈反・解釈学〉	F.ダゴニェ／金森修訳		300
225	正常と病理	G.カンギレム／滝沢武久訳		320
226	フランス革命論	J.G.フィヒテ／桝田啓三郎訳		396
227	クロード・レヴィ=ストロース	O.パス／鼓, 木村訳		160
228	バロックの生活	P.ラーンシュタイン／波田節夫訳	品切	520
229	うわさ〈もっとも古いメディア〉増補版	J.-N.カプフェレ／古田幸男訳		394
230	後期資本制社会システム	C.オッフェ／寿福真美編訳	品切	358
231	ガリレオ研究	A.コイレ／菅谷暁訳		482
232	アメリカ	J.ボードリヤール／田中正人訳	品切	220
233	意識ある科学	E.モラン／村上光彦訳		400
234	分子革命〈欲望社会のミクロ分析〉	F.ガタリ／杉村昌昭訳		340
235	火，そして霧の中の信号—ゾラ	M.セール／寺田光徳訳		568
236	煉獄の誕生	J.ル・ゴッフ／渡辺, 内田訳		698
237	サハラの夏	E.フロマンタン／川端康夫訳		336
238	パリの悪魔	P.ガスカール／佐藤和夫訳		256
239 240	自然の人間的歴史（上・下）	S.モスコヴィッシ／大津真作訳	品切	上・494 下・390
241	ドン・キホーテ頌	P.アザール／円子千代訳	品切	348
242	ユートピアへの勇気	G.ピヒト／河井徳治訳	品切	202
243	現代社会とストレス〔原書改訂版〕	H.セリエ／杉, 田多井, 藤井, 竹宮訳		482
244	知識人の終焉	J.-F.リオタール／原田佳彦, 他訳		140
245	オマージュの試み	E.M.シオラン／金井裕訳		154
246	科学の時代における理性	H.-G.ガダマー／本間, 座小田訳		158
247	イタリア人の太古の知恵	G.ヴィーコ／上村忠男訳		190
248	ヨーロッパを考える	E.モラン／林　勝一訳		238
249	労働の現象学	J.-L.プチ／今村, 松島訳		388
250	ポール・ニザン	Y.イシャグプール／川俣晃自訳		356
251	政治的判断力	R.ベイナー／浜田義文監訳	品切	310
252	知覚の本性〈初期論文集〉	メルロ=ポンティ／加賀野井秀一訳		158

叢書・ウニベルシタス

				(頁)
53	言語の牢獄	F.ジェームソン／川口喬一訳		292
54	失望と参画の現象学	A.O.ハーシュマン／佐々木，杉田訳		204
55	はかない幸福—ルソー	T.トドロフ／及川馥訳	品切	162
256	大学制度の社会史	H.W.プラール／山本尤訳		408
257 258	ドイツ文学の社会史（上・下）	J.ベルク，他／山本，三島，保坂，鈴木訳		上・766 下・648
259	アランとルソー〈教育哲学試論〉	A.カルネック／安斎，並木訳		304
260	都市・階級・権力	M.カステル／石川淳志監訳	品切	296
261	古代ギリシア人	M.I.フィンレー／山形和美訳	品切	296
262	象徴表現と解釈	T.トドロフ／小林，及川訳		244
263	声の回復〈回想の試み〉	L.マラン／梶野吉郎訳		246
264	反射概念の形成	G.カンギレム／金森修訳		304
265	芸術の手相	G.ピコン／末永照和訳		294
266	エチュード〈初期認識論集〉	G.バシュラール／及川馥訳		166
267	邪な人々の昔の道	R.ジラール／小池健男訳		270
268	〈誠実〉と〈ほんもの〉	L.トリリング／野島秀勝訳	品切	264
269	文の抗争	J.-F.リオタール／陸井四郎，他訳		410
270	フランス革命と芸術	J.スタロバンスキー／井上尭裕訳	品切	286
271	野生人とコンピューター	J.-M.ドムナック／古田幸男訳		228
272	人間と自然界	K.トマス／山内昶，他訳		618
273	資本論をどう読むか	J.ビデ／今村仁司，他訳		450
274	中世の旅	N.オーラー／藤代幸一訳		488
275	変化の言語〈治療コミュニケーションの原理〉	P.ワツラウィック／築島謙三訳		212
276	精神の売春としての政治	T.クンナス／木戸，佐々木訳		258
277	スウィフト政治・宗教論集	J.スウィフト／中野，海保訳		490
278	現実とその分身	C.ロセ／金井裕訳		168
279	中世の高利貸	J.ル・ゴッフ／渡辺香根夫訳		170
280	カルデロンの芸術	M.コメレル／岡部仁訳		270
281	他者の言語〈デリダの日本講演〉	J.デリダ／高橋允昭編訳		406
282	ショーペンハウアー	R.ザフランスキー／山本尤訳		646
283	フロイトと人間の魂	B.ベテルハイム／藤瀬恭子訳		174
284	熱　狂〈カントの歴史批判〉	J.-F.リオタール／中島盛夫訳		210
285	カール・カウツキー 1854-1938	G.P.スティーンソン／時永，河野訳		496
286	形而上学と神の思想	W.パネンベルク／座小田，諸岡訳	品切	186
287	ドイツ零年	E.モラン／古田幸男訳		364
288	物の地獄〈ルネ・ジラールと経済の論理〉	デュムシェル，デュピュイ／織田，富永訳		320
289	ヴィーコ自叙伝	G.ヴィーコ／福鎌忠恕訳	品切	448
290	写真論〈その社会的効用〉	P.ブルデュー／山縣熙，山縣直子訳		438
291	戦争と平和	S.ボク／大沢正道訳		224
292	意味と意味の発展	R.A.ウォルドロン／築島謙三訳		294
293	生態平和とアナーキー	U.リンゼ／内田，杉村訳		270
294	小説の精神	M.クンデラ／金井，浅野訳		208
295	フィヒテ-シェリング往復書簡	W.シュルツ解説／座小田，後藤訳		220
296	出来事と危機の社会学	E.モラン／浜名，福井訳		622
297	宮廷風恋愛の技術	A.カペルラヌス／野島秀勝訳	品切	334
298	野蛮〈科学主義の独裁と文化の危機〉	M.アンリ／山形，望月訳		292
299	宿命の戦略	J.ボードリヤール／竹原あき子訳		260
300	ヨーロッパの日記	G.R.ホッケ／石丸，柴田，信岡訳		1330
301	記号と夢想〈演劇と祝祭についての考察〉	A.シモン／岩瀬孝監修．佐藤，伊藤，他訳		388
302	手と精神	J.ブラン／中村文郎訳		284

				(頁)
303	平等原理と社会主義	L.シュタイン／石川, 石塚, 柴田訳		676
304	死にゆく者の孤独	N.エリアス／中居実訳		150
305	知識人の黄昏	W.シヴェルブシュ／初見基訳		240
306	トマス・ペイン〈社会思想家の生涯〉	A.J.エイヤー／大熊昭信訳		378
307	われらのヨーロッパ	F.ヘール／杉浦健之訳		614
308	機械状無意識〈スキゾ-分析〉	F.ガタリ／高岡幸一訳		426
309	聖なる真理の破壊	H.ブルーム／山形和美訳		400
310	諸科学の機能と人間の意義	E.パーチ／上村忠男監訳		552
311	翻　訳〈ヘルメスIII〉	M.セール／豊田, 輪田訳		404
312	分　布〈ヘルメスIV〉	M.セール／豊田彰訳		440
313	外国人	J.クリステヴァ／池田和子訳		284
314	マルクス	M.アンリ／杉山, 水野訳	品切	612
315	過去からの警告	E.シャルガフ／山本, 内藤訳		308
316	面・表面・界面〈一般表層論〉	F.ダゴニェ／金森, 今野訳		338
317	アメリカのサムライ	F.G.ノートヘルファー／飛鳥井雅道訳		512
318	社会主義か野蛮か	C.カストリアディス／江口幹訳		490
319	遍　歴〈法, 形式, 出来事〉	J.-F.リオタール／小野康男訳		200
320	世界としての夢	D.ウスラー／谷　徹訳		566
321	スピノザと表現の問題	G.ドゥルーズ／工藤, 小柴, 小谷訳		460
322	裸体とはじらいの文化史	H.P.デュル／藤代, 三谷訳		572
323	五　感〈混合体の哲学〉	M.セール／米山親能訳		582
324	惑星軌道論	G.W.F.ヘーゲル／村上恭一訳		250
325	ナチズムと私の生活〈仙台からの告発〉	K.レーヴィット／秋間実訳		334
326	ベンヤミン-ショーレム往復書簡	G.ショーレム編／山本尤訳		440
327	イマヌエル・カント	O.ヘッフェ／藪木栄夫訳		374
328	北西航路〈ヘルメスV〉	M.セール／青木研二訳		260
329	聖杯と剣	R.アイスラー／野島秀勝訳		486
330	ユダヤ人国家	Th.ヘルツル／佐藤康彦訳		206
331	十七世紀イギリスの宗教と政治	C.ヒル／小野功生訳		586
332	方　法　2. 生命の生命	E.モラン／大津真作訳		838
333	ヴォルテール	A.J.エイヤー／中川, 吉岡訳		268
334	哲学の自食症候群	J.ブーヴレス／大平具彦訳		266
335	人間学批判	レペニース, ノルテ／小竹澄栄訳		214
336	自伝のかたち	W.C.スペンジマン／船倉正憲訳		384
337	ポストモダニズムの政治学	L.ハッチオン／川口喬一訳		332
338	アインシュタインと科学革命	L.S.フォイヤー／村上, 成定, 大谷訳		474
339	ニーチェ	G.ピヒト／青木隆嘉訳		562
340	科学史・科学哲学研究	G.カンギレム／金森修監訳		674
341	貨幣の暴力	アグリエッタ, オルレアン／井上, 斉藤訳		506
342	象徴としての円	M.ルルカー／竹内章訳	品切	186
343	ベルリンからエルサレムへ	G.ショーレム／岡部仁訳		226
344	批評の批評	T.トドロフ／及川, 小林訳		298
345	ソシュール講義録注解	F.de ソシュール／前田英樹・訳注		204
346	歴史とデカダンス	P.ショーニュー／大谷尚文訳		552
347	続・いま, ここで	G.ピヒト／斎藤, 大野, 福島, 浅野訳		580
348	バフチン以後	D.ロッジ／伊藤誓訳		410
349	再生の女神セドナ	H.P.デュル／原研二訳		622
350	宗教と魔術の衰退	K.トマス／荒木正純訳		1412
351	神の思想と人間の自由	W.パネンベルク／座小田, 諸岡訳		186

				（頁）
352	倫理・政治的ディスクール	O.ヘッフェ／青木隆嘉訳		312
353	モーツァルト	N.エリアス／青木隆嘉訳		198
354	参加と距離化	N.エリアス／波田，道籏訳		276
355	二十世紀からの脱出	E.モラン／秋枝茂夫訳		384
356	無限の二重化	W.メニングハウス／伊藤秀一訳	品切	350
357	フッサール現象学の直観理論	E.レヴィナス／佐藤，桑野訳		506
358	始まりの現象	E.W.サイード／山形，小林訳		684
359	サテュリコン	H.P.デュル／原研二訳		258
360	芸術と疎外	H.リード／増渕正史訳	品切	262
361	科学的理性批判	K.ヒュプナー／神野，中才，熊谷訳		476
362	科学と懐疑論	J.ワトキンス／中才敏郎訳		354
363	生きものの迷路	A.モール，E.ロメル／古田幸男訳		240
364	意味と力	G.バランディエ／小関藤一郎訳		406
365	十八世紀の文人科学者たち	W.レペニース／小川さくえ訳		182
366	結晶と煙のあいだ	H.アトラン／阪上脩訳		376
367	生への闘争〈闘争本能・性・意識〉	W.J.オング／高柳，橋爪訳		326
368	レンブラントとイタリア・ルネサンス	K.クラーク／尾崎，芳野訳		334
369	権力の批判	A.ホネット／河上倫逸監訳		476
370	失われた美学〈マルクスとアヴァンギャルド〉	M.A.ローズ／長田，池田，長野，長田訳		332
371	ディオニュソス	M.ドゥティエンヌ／及川，吉岡訳		164
372	メディアの理論	F.イングリス／伊藤，磯山訳		380
373	生き残ること	B.ベテルハイム／高尾利数訳		646
374	バイオエシックス	F.ダゴニェ／金森，松浦訳		316
375 376	エディプスの謎（上・下）	N.ビショッフ／藤代，井本，他訳		上・450 下・464
377	重大な疑問〈懐疑的省察録〉	E.シャルガフ／山形，小野，他訳		404
378	中世の食生活〈断食と宴〉	B.A.ヘニッシュ／藤原保明訳	品切	538
379	ポストモダン・シーン	A.クローカー，D.クック／大熊昭信訳		534
380	夢の時〈野生と文明の境界〉	H.P.デュル／岡部，原，須永，荻野訳		674
381	理性よ，さらば	P.ファイヤアーベント／植木哲也訳		454
382	極限に面して	T.トドロフ／宇京頼三訳		376
383	自然の社会化	K.エーダー／寿福真美監訳		474
384	ある反時代的考察	K.レーヴィット／中村啓，永沼更始郎訳		526
385	図書館炎上	W.シヴェルブシュ／福本義憲訳		274
386	騎士の時代	F.v.ラウマー／柳井尚子訳	品切	506
387	モンテスキュー〈その生涯と思想〉	J.スタロバンスキー／古賀英三郎，高橋誠訳		312
388	理解の鋳型〈東西の思想経験〉	J.ニーダム／井上英明訳		510
389	風景画家レンブラント	E.ラルセン／大谷，尾崎訳		208
390	精神分析の系譜	M.アンリ／山形頼洋，他訳		546
391	金《かね》と魔術	H.C.ビンスヴァンガー／清水健次訳		218
392	自然誌の終焉	W.レペニース／山村直資訳		346
393	批判的解釈学	J.B.トンプソン／山本，小川訳	品切	376
394	人間にはいくつの真理が必要か	R.ザフランスキー／山本，藤井訳		232
395	現代芸術の出発	Y.イシャグプール／川俣晃自訳		170
396	青春　ジュール・ヴェルヌ論	M.セール／豊田彰訳		398
397	偉大な世紀のモラル	P.ベニシュー／朝倉，羽賀訳		428
398	諸国民の時に	E.レヴィナス／合田正人訳		348
399 400	バベルの後に（上・下）	G.スタイナー／亀山健吉訳		上・482 下・
401	チュービンゲン哲学入門	E.ブロッホ／花田監修・菅谷，今井，三国訳		422

				(頁)
402	歴史のモラル	T.トドロフ／大谷尚文訳		386
403	不可解な秘密	E.シャルガフ／山本, 内藤訳		260
404	ルソーの世界〈あるいは近代の誕生〉	J.-L.ルセルクル／小林浩訳	品切	378
405	死者の贈り物	D.サルナーヴ／菊地, 白井訳		186
406	神もなく韻律もなく	H.P.デュル／青木隆嘉訳		292
407	外部の消失	A.コドレスク／利沢行夫訳		276
408	狂気の社会史〈狂人たちの物語〉	R.ポーター／目羅公和訳	品切	428
409	続・蜂の寓話	B.マンデヴィル／泉谷治訳		436
410	悪口を習う〈近代初期の文化論集〉	S.グリーンブラット／磯山甚一訳		354
411	危険を冒して書く〈異色作家たちのパリ・インタヴュー〉	J.ワイス／浅野敏夫訳		300
412	理論を讃えて	H.-G.ガダマー／本間, 須田訳		194
413	歴史の島々	M.サーリンズ／山本真鳥訳		306
414	ディルタイ〈精神科学の哲学者〉	R.A.マックリール／大野, 田中, 他訳		578
415	われわれのあいだで	E.レヴィナス／合田, 谷口訳		368
416	ヨーロッパ人とアメリカ人	S.ミラー／池田栄一訳		358
417	シンボルとしての樹木	M.ルルカー／林 捷 訳		276
418	秘めごとの文化史	H.P.デュル／藤代, 津山訳		662
419	眼の中の死〈古代ギリシアにおける他者の像〉	J.-P.ヴェルナン／及川, 吉岡訳		144
420	旅の思想史	E.リード／伊藤誓訳		490
421	病のうちなる治療薬	J.スタロバンスキー／小池, 川那部訳		356
422	祖国地球	E.モラン／菊地昌実訳		234
423	寓意と表象・再現	S.J.グリーンブラット編／船倉正憲訳		384
424	イギリスの大学	V.H.H.グリーン／安原, 成定訳	品切	516
425	未来批判 あるいは世界史に対する嫌悪	E.シャルガフ／山本, 伊藤訳		276
426	見えるものと見えざるもの	メルロ=ポンティ／中島盛夫監訳		618
427	女性と戦争	J.B.エルシュテイン／小林, 廣川訳		486
428	カント入門講義	H.バウムガルトナー／有福孝岳監訳		204
429	ソクラテス裁判	I.F.ストーン／永田康昭訳		470
430	忘我の告白	M.ブーバー／田口義弘訳		348
431 432	時代おくれの人間(上・下)	G.アンダース／青木隆嘉訳		上・432 下・546
433	現象学と形而上学	J.-L.マリオン他編／三上, 重永, 檜垣訳		388
434	祝福から暴力へ	M.ブロック／田辺, 秋津訳		426
435	精神分析と横断性	F.ガタリ／杉村, 毬藻訳		462
436	競争社会をこえて	A.コーン／山本, 真水訳		530
437	ダイアローグの思想	M.ホルクウィスト／伊藤誓訳	品切	370
438	社会学とは何か	N.エリアス／徳安彰訳		250
439	E.T.A.ホフマン	R.ザフランスキー／識名章喜訳		636
440	所有の歴史	J.アタリ／山内昶訳		580
441	男性同盟と母権制神話	N.ゾンバルト／田村和彦訳		516
442	ヘーゲル以後の歴史哲学	H.シュネーデルバッハ／古東哲明訳		282
443	同時代人ベンヤミン	H.マイヤー／岡部仁訳		140
444	アステカ帝国滅亡記	G.ボド, T.トドロフ編／大谷, 菊地訳		662
445	迷宮の岐路	C.カストリアディス／宇京頼三訳		404
446	意識と自然	K.K.チョウ／志水, 山本監訳		422
447	政治的正義	O.ヘッフェ／北尾, 平石, 望月訳		598
448	象徴と社会	K.バーク著, ガスフィールド編／森常治訳		580
449	神・死・時間	E.レヴィナス／合田正人訳		360
450	ローマの祭	G.デュメジル／大橋寿美子訳		446

			(頁)
451	エコロジーの新秩序	L.フェリ／加藤宏幸訳	274
452	想念が社会を創る	C.カストリアディス／江口幹訳	392
453	ウィトゲンシュタイン評伝	B.マクギネス／藤本, 今井, 宇都宮, 髙橋訳	612
454	読みの快楽	R.オールター／山形, 中田, 田中訳	346
455	理性・真理・歴史〈内在的実在論の展開〉	H.パトナム／野本和幸, 他訳	360
456	自然の諸時期	ビュフォン／菅谷暁訳	440
457	クロポトキン伝	ピルーモヴァ／左近毅訳	384
458	征服の修辞学	P.ヒューム／岩尾, 正木, 本橋訳	492
459	初期ギリシア科学	G.E.R.ロイド／山野, 山口訳	246
460	政治と精神分析	G.ドゥルーズ, F.ガタリ／杉村昌昭訳	124
461	自然契約	M.セール／及川, 米山訳	230
462	細分化された世界〈迷宮の岐路III〉	C.カストリアディス／宇京賴三訳	332
463	ユートピア的なもの	L.マラン／梶野吉郎訳	420
464	恋愛礼讃	M.ヴァレンシー／沓掛, 川端訳	496
465	転換期〈ドイツ人とドイツ〉	H.マイヤー／宇京早苗訳	466
466	テクストのぶどう畑で	I.イリイチ／岡部佳世訳	258
467	フロイトを読む	P.ゲイ／坂口, 大島訳	304
468	神々を作る機械	S.モスコヴィッシ／古田幸男訳	750
469	ロマン主義と表現主義	A.K.ウィードマン／大森淳史訳	378
470	宗教論	N.ルーマン／土方昭, 土方透訳	138
471	人格の成層論	E.ロータッカー／北村監訳・大久保, 他訳	278
472	神　罰	C.v.リンネ／小川さくえ訳	432
473	エデンの園の言語	M.オランデール／浜崎設夫訳	338
474	フランスの自伝〈自伝文学の主題と構造〉	P.ルジュンヌ／小倉孝誠訳	342
475	ハイデガーとヘブライの遺産	M.ザラデル／合田正人訳	390
476	真の存在	G.スタイナー／工藤政司訳	266
477	言語芸術・言語記号・言語の時間	R.ヤコブソン／浅川順子訳	388
478	エクリール	C.ルフォール／宇京賴三訳	420
479	シェイクスピアにおける交渉	S.J.グリーンブラット／酒井正志訳	334
480	世界・テキスト・批評家	E.W.サイード／山形和美訳	584
481	絵画を見るディドロ	J.スタロバンスキー／小西嘉幸訳	148
482	ギボン〈歴史を創る〉	R.ポーター／中野, 海保, 松原訳	272
483	欺瞞の書	E.M.シオラン／金井裕訳	252
484	マルティン・ハイデガー	H.エーベリング／青木隆嘉訳	252
485	カフカとカバラ	K.E.グレーツィンガー／清水健次訳	390
486	近代哲学の精神	H.ハイムゼート／座小田豊, 他訳	448
487	ベアトリーチェの身体	R.P.ハリスン／船倉正憲訳	304
488	技術〈クリティカル・セオリー〉	A.フィーンバーグ／藤本正文訳	510
489	認識論のメタクリティーク	Th.W.アドルノ／古賀, 細見訳	370
490	地獄の歴史	A.K.ターナー／野﨑嘉信訳	456
491	昔話と伝説〈物語文学の二つの基本形式〉	M.リューティ／高木昌史, 万里子訳	品切 362
492	スポーツと文明化〈興奮の探究〉	N.エリアス, E.ダニング／大平章訳	490
493 494	地獄のマキアヴェッリ（I・II）	S.de.グラツィア／田中治男訳	I・352 II・306
495	古代ローマの恋愛詩	P.ヴェーヌ／鎌田博夫訳	352
496	証人〈言葉と科学についての省察〉	E.シャルガフ／山本, 内藤訳	252
497	自由とはなにか	P.ショーニュ／西川, 小田桐訳	472
498	現代世界を読む	M.マフェゾリ／菊地昌実訳	186
499	時間を読む	M.ピカール／寺田光徳訳	266
500	大いなる体系	N.フライ／伊藤誓訳	478

			(頁)
550	ハイデガーと実践哲学	O.ペゲラー他,編／竹市,下村監訳	584
551	彫　像	M.セール／米山親能訳	366
552	人間的なるものの庭	C.F.v.ヴァイツゼカー／山辺建訳	852
553	思考の図像学	A.フレッチャー／伊藤誓訳	472
554	反動のレトリック	A.O.ハーシュマン／岩崎稔訳	250
555	暴力と差異	A.J.マッケナ／夏目博明訳	354
556	ルイス・キャロル	J.ガッテニョ／鈴木晶訳	462
557	タオスのロレンゾー〈D.H.ロレンス回想〉	M.D.ルーハン／野島秀勝訳	490
558	エル・シッド〈中世スペインの英雄〉	R.フレッチャー／林邦夫訳	414
559	ロゴスとことば	S.プリケット／小野功生訳	486
560 561	盗まれた稲妻〈呪術の社会学〉(上・下)	D.L.オキーフ／谷林眞理子,他訳	上・490 下・656
562	リビドー経済	J.-F.リオタール／杉山,吉谷訳	458
563	ポスト・モダニティの社会学	S.ラッシュ／田中義久監訳	462
564	狂暴なる霊長類	J.A.リヴィングストン／大平章訳	310
565	世紀末社会主義	M.ジェイ／今村,大谷訳	334
566	両性平等論	F.P.de ラ・バール／佐藤和夫,他訳	330
567	暴虐と忘却	R.ボイヤーズ／田部井孝次・世志子訳	524
568	異端の思想	G.アンダース／青木隆嘉訳	518
569	秘密と公開	S.ボク／大沢正道訳	470
570 571	大航海時代の東南アジア(I・II)	A.リード／平野，田中訳	I・430 II・598
572	批判理論の系譜学	N.ボルツ／山本,大貫訳	332
573	メルヘンへの誘い	M.リューティ／高木昌史訳	200
574	性と暴力の文化史	H.P.デュル／藤代,津山訳	768
575	歴史の不測	E.レヴィナス／合田,谷口訳	316
576	理論の意味作用	T.イーグルトン／山形和美訳	196
577	小集団の時代〈大衆社会における個人主義の衰退〉	M.マフェゾリ／古田幸男訳	334
578 579	愛の文化史(上・下)	S.カーン／青木,斎藤訳	上・334 下・384
580	文化の擁護〈1935年パリ国際作家大会〉	ジッド他／相磯,五十嵐,石黒,高橋編訳	752
581	生きられる哲学〈生活世界の現象学と批判理論の思考形式〉	F.フェルマン／堀栄造訳	282
582	十七世紀イギリスの急進主義と文学	C.ヒル／小野，圓月訳	444
583	このようなことが起こり始めたら…	R.ジラール／小池,住谷訳	226
584	記号学の基礎理論	J.ディーリー／大熊昭信訳	286
585	真理と美	S.チャンドラセカール／豊田彰訳	328
586	シオラン対談集	E.M.シオラン／金井裕訳	336
587	時間と社会理論	B.アダム／伊藤,磯山訳	338
588	懐疑的省察 ABC〈続・重大な疑問〉	E.シャルガフ／山本,伊藤訳	244
589	第三の知恵	M.セール／及川馥訳	250
590 591	絵画における真理(上・下)	J.デリダ／高橋,阿部訳	上・322 下・390
592	ウィトゲンシュタインと宗教	N.マルカム／黒崎宏訳	256
593	シオラン〈あるいは最後の人間〉	S.ジョドー／金井裕訳	212
594	フランスの悲劇	T.トドロフ／大谷尚文訳	304
595	人間の生の遺産	E.シャルガフ／清水健次,他訳	392
596	聖なる快楽〈性，神話，身体の政治〉	R.アイスラー／浅野敏夫訳	876
597	原子と爆弾とエスキモーキス	C.G.セグレー／野島秀勝訳	408
598	海からの花嫁〈ギリシア神話研究の手引き〉	J.シャーウッドスミス／吉田,佐藤訳	234
599	神に代わる人間	L.フェリー／菊地,白井訳	220
600	パンと競技場〈ギリシア・ローマ時代の政治と都市の社会学的歴史〉	P.ヴェーヌ／鎌田博夫訳	1032

		（頁）
601 ギリシア文学概説	J.ド・ロミイ／細井, 秋山訳	486
602 パロールの奪取	M.セルトー／佐藤和生訳	200
603 68年の思想	L.フェリー他／小野潮訳	348
604 ロマン主義のレトリック	P.ド・マン／山形, 岩坪訳	470
605 探偵小説あるいはモデルニテ	J.デュボア／鈴木智之訳	380
606 607 近代の正統性〔全三冊〕 608	H.ブルーメンベルク／斎藤, 忽那 佐藤, 村井訳	I・328 II・390 III・318
609 危険社会〈新しい近代への道〉	U.ベック／東, 伊藤訳	502
610 エコロジーの道	E.ゴールドスミス／大熊昭信訳	654
611 人間の領域〈迷宮の岐路II〉	C.カストリアディス／米山親能訳	626
612 戸外で朝食を	H.P.デュル／藤代幸一訳	190
613 世界なき人間	G.アンダース／青木隆嘉訳	366
614 唯物論シェイクスピア	F.ジェイムソン／川口喬一訳	402
615 核時代のヘーゲル哲学	H.クロンバッハ／植木哲也訳	380
616 詩におけるルネ・シャール	P.ヴェーヌ／西永良成訳	832
617 近世の形而上学	H.ハイムゼート／北岡武司訳	506
618 フロベールのエジプト	G.フロベール／斎藤昌三訳	344
619 シンボル・技術・言語	E.カッシーラー／篠木, 高野訳	352
620 十七世紀イギリスの民衆と思想	C.ヒル／小野, 圓月, 箭川訳	520
621 ドイツ政治哲学史	H.リュッベ／今井道夫訳	312
622 最終解決〈民族移動とヨーロッパのユダヤ人殺害〉	G.アリー／山本, 三島訳	470
623 中世の人間	J.ル・ゴフ他／鎌田博夫訳	478
624 食べられる言葉	L.マラン／梶野吉郎訳	284
625 ヘーゲル伝〈哲学の英雄時代〉	H.アルトハウス／山本尤訳	690
626 E.モラン自伝	E.モラン／菊地, 高砂訳	368
627 見えないものを見る	M.アンリ／青木研二訳	248
628 マーラー〈音楽観相学〉	Th.W.アドルノ／龍村あや子訳	286
629 共同生活	T.トドロフ／大谷尚文訳	236
630 エロイーズとアベラール	M.F.B.ブロッチェリ／白崎容子訳	304
631 意味を見失った時代〈迷宮の岐路IV〉	C.カストリアディス／江口幹訳	338
632 火と文明化	J.ハウツブロム／大平章訳	356
633 ダーウィン, マルクス, ヴァーグナー	J.バーザン／野島秀勝訳	526
634 地位と羞恥	S.ネッケル／岡原正幸訳	434
635 無垢の誘惑	P.ブリュックネール／小倉, 下澤訳	350
636 ラカンの思想	M.ボルク=ヤコブセン／池田清訳	500
637 羨望の炎〈シェイクスピアと欲望の劇場〉	R.ジラール／小林, 田口訳	698
638 暁のフクロウ〈続・精神の現象学〉	A.カトロッフェロ／寿福真美訳	354
639 アーレント=マッカーシー往復書簡	C.ブライトマン編／佐藤佐智子訳	710
640 崇高とは何か	M.ドゥギー他／梅木達郎訳	416
641 世界という実験〈問い, 取り出しの諸カテゴリー, 実践〉	E.ブロッホ／小田智敏訳	400
642 悪　あるいは自由のドラマ	R.ザフランスキー／山本尤訳	322
643 世俗の聖典〈ロマンスの構造〉	N.フライ／中村, 真野訳	252
644 歴史と記憶	J.ル・ゴフ／立川孝一訳	400
645 自我の記号論	N.ワイリー／船倉正憲訳	468
646 ニュー・ミメーシス〈シェイクスピアと現実描写〉	A.D.ナトール／山形, 山下訳	430
647 歴史家の歩み〈アリエス　1943-1983〉	Ph.アリエス／成瀬, 伊藤訳	428
648 啓蒙の民主制理論〈カントとのつながりで〉	I.マウス／浜田, 牧野監訳	400
649 仮象小史〈古代からコンピューター時代まで〉	N.ボルツ／山本尤訳	200

			(頁)
650	知の全体史	C.V.ドーレン／石塚浩司訳	766
651	法の力	J.デリダ／堅田研一訳	220
652 653	男たちの妄想（I・II）	K.テーヴェライト／田村和彦訳	I・816 II
654	十七世紀イギリスの文書と革命	C.ヒル／小野, 圓月, 箭川訳	592
655	パウル・ツェラーンの場所	H.ベッティガー／鈴木美紀訳	176
656	絵画を破壊する	L.マラン／尾形, 梶野訳	272
657	グーテンベルク銀河系の終焉	N.ボルツ／識名, 足立訳	330
658	批評の地勢図	J.ヒリス・ミラー／森田孟訳	550
659	政治的なものの変貌	M.マフェゾリ／古田幸男訳	290
660	神話の真理	K.ヒュプナー／神野, 中才, 他訳	736
661	廃墟のなかの大学	B.リーディングズ／青木, 斎藤訳	354
662	後期ギリシア科学	G.E.R.ロイド／山野, 山口, 金山訳	320
663	ベンヤミンの現在	N.ボルツ, W.レイイェン／岡部仁訳	180
664	異教入門〈中心なき周辺を求めて〉	J.-F.リオタール／山縣, 小野, 他訳	242
665	ル・ゴフ自伝〈歴史家の生活〉	J.ル・ゴフ／鎌田博夫訳	290
666	方　法　3. 認識の認識	E.モラン／大津真作訳	398
667	遊びとしての読書	M.ピカール／及川, 内藤訳	478
668	身体の哲学と現象学	M.アンリ／中敬夫訳	404
669	ホモ・エステティクス	L.フェリー／小野康男, 他訳	496
670	イスラームにおける女性とジェンダー	L.アハメド／林正雄, 他訳	422
671	ロマン派の手紙	K.H.ボーラー／高木葉子訳	382
672	精霊と芸術	M.マール／津山拓也訳	474
673	言葉への情熱	G.スタイナー／伊藤誓訳	612
674	贈与の謎	M.ゴドリエ／山内昶訳	362
675	諸個人の社会	N.エリアス／宇京早苗訳	308
676	労働社会の終焉	D.メーダ／若森章孝, 他訳	394
677	概念・時間・言説	A.コジェーヴ／三宅, 根田, 安川訳	448
678	史的唯物論の再構成	U.ハーバーマス／清水多吉訳	438
679	カオスとシミュレーション	N.ボルツ／山本尤訳	218
680	実質的現象学	M.アンリ／中, 野村, 吉永訳	268
681	生殖と世代継承	R.フォックス／平野秀秋訳	408
682	反抗する文学	M.エドマンドソン／浅野敏夫訳	406
683	哲学を讃えて	M.セール／米山親能, 他訳	312
684	人間・文化・社会	H.シャピロ編／塚本利明, 他訳	
685	遍歴時代〈精神の自伝〉	J.アメリー／富重純子訳	206
686	ノーを言う難しさ〈宗教哲学的エッセイ〉	K.ハインリッヒ／小林敏明訳	200
687	シンボルのメッセージ	M.ルルカー／林捷, 林田鶴子訳	590
688	神は狂信的か	J.ダニエル／菊地昌実訳	218
689	セルバンテス	J.カナヴァジオ／円子千代訳	502
690	マイスター・エックハルト	B.ヴェルテ／大津留直訳	320
691	マックス・プランクの生涯	J.L.ハイルブロン／村岡晋一訳	300
692	68年－86年　個人の道程	L.フェリー, A.ルノー／小野潮訳	168
693	イダルゴとサムライ	J.ヒル／平山篤子訳	704
694	〈教育〉の社会学理論	B.バーンスティン／久冨善之, 他訳	420
695	ベルリンの文化戦争	W.シヴェルブシュ／福本義憲訳	380
696	知識と権力〈クーン, ハイデガー, フーコー〉	J.ラウズ／成定, 網谷, 阿曽沼訳	410
697	読むことの倫理	J.ヒリス・ミラー／伊藤, 大島訳	230
698	ロンドン・スパイ	N.ウォード／渡辺孔二監訳	506
699	イタリア史〈1700－1860〉	S.ウールフ／鈴木邦夫訳	1000

			（頁）
700	マリア〈処女・母親・女主人〉	K.シュライナー／内藤道雄訳	678
701	マルセル・デュシャン〈絵画唯名論〉	T.ド・デューヴ／鎌田博夫訳	350
702	サハラ〈ジル・ドゥルーズの美学〉	M.ビュイダン／阿部宏慈訳	260
703	ギュスターヴ・フロベール	A.チボーデ／戸田吉信訳	470
704	報酬主義をこえて	A.コーン／田中英史訳	604
705	ファシズム時代のシオニズム	L.ブレンナー／芝健介訳	480
706	方　法　4．観念	E.モラン／大津真作訳	446
707	われわれと他者	T.トドロフ／小野，江口訳	658
708	モラルと超モラル	A.ゲーレン／秋澤雅男訳	
709	肉食タブーの世界史	F.J.シムーンズ／山内昶監訳	682
710	三つの文化〈仏・英・独の比較文化学〉	W.レペニース／松家，吉村，森訳	548
711	他性と超越	E.レヴィナス／合田，松丸訳	200
712	詩と対話	H.-G.ガダマー／巻田悦郎訳	302
713	共産主義から資本主義へ	M.アンリ／野村直正訳	242
714	ミハイル・バフチン　対話の原理	T.トドロフ／大谷尚文訳	408
715	肖像と回想	P.ガスカール／佐藤和生訳	232
716	恥〈社会関係の精神分析〉	S.ティスロン／大谷，津島訳	286
717	庭園の牧神	P.バルロスキー／尾崎彰宏訳	270
718	パンドラの匣	D.&E.パノフスキー／尾崎彰宏，他訳	294
719	言説の諸ジャンル	T.トドロフ／小林文生訳	466
720	文学との離別	R.バウムガルト／清水健次・威能子訳	406
721	フレーゲの哲学	A.ケニー／野本和幸，他訳	308
722	ビバ リベルタ！〈オペラの中の政治〉	A.アーブラスター／田中，西崎訳	478
723	ユリシーズ グラモフォン	J.デリダ／合田，中 訳	210
724	ニーチェ〈その思考の伝記〉	R.ザフランスキー／山本尤訳	440
725	古代悪魔学〈サタンと闘争神話〉	N.フォーサイス／野呂有子監訳	844
726	力に満ちた言葉	N.フライ／山形和美訳	466
727	産業資本主義の法と政治	I.マウス／河上倫逸監訳	496
728	ヴァーグナーとインドの精神世界	C.スネソン／吉水千鶴子訳	270
729	民間伝承と創作文学	M.リューティ／高木昌史訳	430
730	マキアヴェッリ〈転換期の危機分析〉	R.ケーニヒ／小川，片岡訳	382
731	近代とは何か〈その隠されたアジェンダ〉	S.トゥールミン／藤村，新井訳	398
732	深い謎〈ヘーゲル，ニーチェとユダヤ人〉	Y.ヨベル／青木隆嘉訳	360
733	挑発する肉体	H.P.デュル／藤代，津山訳	702
734	フーコーと狂気	F.グロ／菊地昌実訳	164
735	生命の認識	G.カンギレム／杉山吉弘訳	330
736	転倒させる快楽〈バフチン，文化批評，映画〉	R.スタム／浅野敏夫訳	494
737	カール・シュミットとユダヤ人	R.グロス／山本尤訳	486
738	個人の時代	A.ルノー／水野浩二訳	438
739	導入としての現象学	H.F.フルダ／久保，高山訳	470
740	認識の分析	E.マッハ／廣松渉編訳	182
741	脱構築とプラグマティズム	C.ムフ編／青木隆嘉訳	186
742	人類学の挑戦	R.フォックス／南塚隆夫訳	698
743	宗教の社会学	B.ウィルソン／中野，栗原訳	270
744	非人間的なもの	J.-F.リオタール／篠原，上村，平芳訳	286
745	異端者シオラン	P.ボロン／金井裕訳	334
746	歴史と日常〈ポール・ヴェーヌ自伝〉	P.ヴェーヌ／鎌田博夫訳	268
747	天使の伝説	M.セール／及川馥訳	262
748	近代政治哲学入門	A.バルッツィ／池上，岩倉訳	348

			(頁)
749	王の肖像	L.マラン／渡辺香根夫訳	454
750	ヘルマン・ブロッホの生涯	P.M.リュツェラー／入野田真右訳	572
751	ラブレーの宗教	L.フェーヴル／高橋薫訳	942
752	有限責任会社	J.デリダ／高橋, 増田, 宮崎訳	352
753	ハイデッガーとデリダ	H.ラパポート／港道隆, 他訳	388
754	未完の菜園	T.トドロフ／内藤雅文訳	414
755	小説の黄金時代	G.スカルペッタ／本多文彦訳	392
756	トリックスター	L.ハイド／伊藤誓訳	
757	ヨーロッパの形成	R.バルトレット／伊藤, 磯山訳	720
758	幾何学の起源	M.セール／豊田彰訳	444
759	犠牲と羨望	J.-P.デュピュイ／米山, 泉谷訳	518
760	歴史と精神分析	M.セルトー／内藤雅文訳	252
761 762 763	コペルニクス的宇宙の生成〔全三冊〕	H.ブルーメンベルク／後藤, 小熊, 座小田訳	I・412 II・ III・
764	自然・人間・科学	E.シャルガフ／山本, 伊藤訳	230
765	歴史の天使	S.モーゼス／合田正人訳	306
766	近代の観察	N.ルーマン／馬場靖雄訳	234
767 768	社会の法（1・2）	N.ルーマン／馬場, 上村, 江口訳	1・430 2・446
769	場所を消費する	J.アーリ／吉原直樹, 大澤善信監訳	450
770	承認をめぐる闘争	A.ホネット／山本, 直江訳	302
771 772	哲学の余白（上・下）	J.デリダ／高橋, 藤本訳	上・ 下・
773	空虚の時代	G.リポヴェツキー／大谷, 佐藤訳	288
774	人間はどこまでグローバル化に耐えられるか	R.ザフランスキー／山本尤訳	134
775	人間の美的教育について	F.v.シラー／小栗孝則訳	196
776	政治的検閲〈19世紀ヨーロッパにおける〉	R.J.ゴールドスティーン／城戸, 村山訳	356
777	シェイクスピアとカーニヴァル	R.ノウルズ／岩崎, 加藤, 小西訳	382
778	文化の場所	H.K.バーバ／本橋哲也, 他訳	
779	貨幣の哲学	E.レヴィナス／合田, 三浦訳	230
780	バンジャマン・コンスタン〈民主主義への情熱〉	T.トドロフ／小野潮訳	244
781	シェイクスピアとエデンの喪失	C.ベルシー／高桑陽子訳	310
782	十八世紀の恐怖	ベールシュトルド, ポレ編／飯野, 田所, 中島訳	456
783	ハイデガーと解釈学的哲学	O.ペゲラー／伊藤徹監訳	418
784	神話とメタファー	N.フライ／高柳俊一訳	578
785	合理性とシニシズム	J.ブーヴレス／岡部, 本郷訳	284
786	生の嘆き〈ショーペンハウアー倫理学入門〉	M.ハウスケラー／峠尚武訳	182
787	フィレンツェのサッカー	H.ブレーデカンプ／原研二訳	222
788	方法としての自己破壊	A.O.ハーシュマン／田中秀夫訳	358
789	ペルー旅行記〈1833-1834〉	F.トリスタン／小杉隆芳訳	482
790	ポール・ド・マン	C.ノリス／時実早苗訳	370
791	シラーの生涯〈その生活と日常と創作〉	P.ラーンシュタイン／上西川原章訳	730
792	古典期アテナイ民衆の宗教	J.D.マイケルソン／箕浦恵了訳	266
793	正義の他者〈実践哲学論集〉	A.ホネット／日暮雅夫, 加藤泰史, 他訳	
794	虚構と想像力	W.イーザー／日中, 木下, 越谷, 市川訳	
795	世界の尺度〈中世における空間の表象〉	P.ズムトール／鎌田博夫訳	
796	作用と反作用〈ある概念の生涯と冒険〉	J.スタロバンスキー／井田尚訳	460
797	巡礼の文化史	N.オーラー／井本, 藤代訳	332
798	政治・哲学・恐怖	D.R.ヴィラ／伊藤, 磯山訳	422
799	アレントとハイデガー	D.R.ヴィラ／青木隆嘉訳	558
800	社会の芸術	N.ルーマン／馬場靖雄訳	760